国家与市场之间的中国妇女

The Chinese Women's Movement

Between State and Market

[加] 朱爱岚 著

蔡一平 胡玉坤 译

江苏人民出版社

图书在版编目(CIP)数据

国家与市场之间的中国妇女 / (加)朱爱岚著；蔡
一平，胡玉坤译. — 南京：江苏人民出版社，2024.5
(海外中国研究丛书 / 刘东主编)
书名原文：The Chinese Women's Movement
Between State and Market
ISBN 978 - 7 - 214 - 28762 - 5

Ⅰ.①国…　Ⅱ.①朱…　②蔡…　③胡…　Ⅲ.①妇女问
题-研究-中国　Ⅳ.①D669.68

中国国家版本馆 CIP 数据核字(2023)第 218336 号

江苏省版权局著作权合同登记号：图字 10 - 2019 - 461 号

书　　　名　国家与市场之间的中国妇女
著　　　者　[加]朱爱岚
译　　　者　蔡一平　胡玉坤
责 任 编 辑　史雪莲
装 帧 设 计　陈　婕
责 任 监 制　王　娟
出 版 发 行　江苏人民出版社
地　　　址　南京市湖南路 1 号 A 楼,邮编:210009
照　　　排　江苏凤凰制版有限公司
印　　　刷　江苏凤凰扬州鑫华印刷有限公司
开　　　本　652 毫米×960 毫米　1/16
印　　　张　15.75　插页 4
字　　　数　168 千字
版　　　次　2024 年 5 月第 1 版
印　　　次　2024 年 5 月第 1 次印刷
标 准 书 号　ISBN 978 - 7 - 214 - 28762 - 5
定　　　价　56.00 元

(江苏人民出版社图书凡印装错误可向承印厂调换)

序 "海外中国研究丛书"

中国曾经遗忘过世界,但世界却并未因此而遗忘中国。令人嗟讶的是,20 世纪 60 年代以后,就在中国越来越闭锁的同时,世界各国的中国研究却得到了越来越富于成果的发展。而到了中国门户重开的今天,这种发展就把国内学界逼到了如此的窘境:我们不仅必须放眼海外去认识世界,还必须放眼海外来重新认识中国;不仅必须向国内读者迻译海外的西学,还必须向他们系统地介绍海外的中学。

这个系列不可避免地会加深我们 150 年以来一直怀有的危机感和失落感,因为单是它的学术水准也足以提醒我们,中国文明在现时代所面对的绝不再是某个粗蛮不文的、很快就将被自己同化的、马背上的战胜者,而是一个高度发展了的、必将对自己的根本价值取向大大触动的文明。可正因为这样,借别人的眼光去获得自知之明,又正是摆在我们面前的紧迫历史使命,因为只要不跳出自家的文化圈子去透过强烈的反差反观自身,中华文明就找不到进入其现代形态的入口。

　　当然,既是本着这样的目的,我们就不能只从各家学说中筛选那些我们可以或者乐于接受的东西,否则我们的"筛子"本身就可能使读者失去选择、挑剔和批判的广阔天地。我们的译介毕竟还只是初步的尝试,而我们所努力去做的,毕竟也只是和读者一起去反复思索这些奉献给大家的东西。

刘　东

谨以本书献给：

克莉丝汀·埃根(1946—2001 年)

她热爱生活、家庭和朋友，

她给认识她的每个人带来欢乐！

前　言

本书的问世堪称意料之外。许多中国妇女曾努力向我解释改革开放时代中她们生活发生的变化，以及 20 世纪 80 年代末以来中国官方妇女运动作用的变化。我试图仔细倾听她们的声音，但我料想她们会发现我与她们的观点之间会有一些距离。尽管如此，我仍希望她们能在字里行间读到，本书忠实记述了她们在具有挑战性的环境下改善中国农村妇女生活的生存智慧。

本书报告的田野调查于 1988 至 1995 年间进行。这得益于加拿大社会与人文科学研究委员会（SSHRCC）的慷慨支持，其中主要包括加拿大社会与人文科学研究委员会-中国社会科学院 1987—1988 年度交流补助金、加拿大社会与人文科学研究委员会 1987—1992 年度的加拿大研究奖学金，以及 1990—1991 和 1992—1996 年度的加拿大社会与人文科学研究委员会研究补助金。在中国，本研究得到了山东省社会科学院、中国山东国际文化交流中心、山东省妇联、青岛市妇联、济宁市妇联、德州市妇联、陵县（即现在的德州市陵城区——译者注）妇联的工作人员，以及山东省各级政府的大力支持。我要特别感谢槐里村的妇女们以及所有陪伴我并使我到访槐里村成为可能的人们。济南、青岛、济宁和陵县妇女组织的众多成员以及山东各地的妇女研究学者都使本研究更为充实。

在加拿大,本书的撰写源于我在不列颠哥伦比亚大学妇女研究与性别关系研究中心(它还为我提供了研究津贴)和格林学院做访问学者。承蒙格詹森(Graham Johnson)和理查德·皮尔森(Richard Pearson)的慨允,我获益于不列颠哥伦比亚大学人类学与社会学系为我提供的办公空间和学术环境,以及不列颠哥伦比亚大学亚洲研究中心图书馆馆员们的襄助。杰里·博伊尔(Geri Boyle)的关照使我在温哥华生活的数月里惬意舒适。本书的出版得到了曼尼托巴大学艺术学院和副校长(研究)办公室的慷慨协助。

多年来,很多人为本研究贡献了真知灼见和信息资料。其中,我要特别感谢伊莎白(Isabel Crook)、吕静云、吕秀媛、沙真理(Janet Salaff)、杰克·斯科特(Jack Scott)和温徐婉芳(Yuen-fong Woon)。保拉·米利亚迪(Paula Migliardi)、肖恩·穆尔维(Shaun Mulvey)和杨俊为本研究提供了图书资料方面的帮助。罗西塔·王尔德(Roxetta Wilde)对文本的一些部分进行了录入和排版。克里斯·埃根(Chris Egan)协助绘制了地图以及其他繁杂事务。

本书第三章的部分内容,其较早版本收录在由雷·布里奇曼(Rae Bridgman)、莎莉·科尔(Sally Cole)和希瑟·霍华德-波比瓦什(Heather Howard-Bobiwash)主编的《女权主义领域:民族志的洞见》一书中(彼得伯勒:博文视点出版社,1999年,第264—281页),题名为"中国改革开放时代的农村妇女与经济发展:官方妇女运动的战略"。

我要感谢斯坦福大学出版社的穆里尔·贝尔(Muriel Bell)。感谢她对本研究的兴趣及在撰写本书的漫长孕育期始终如一的支持。约翰·费内隆(John Feneron)富有成效的襄助和指导使本书得以付梓。莎朗·伍兹(Sharron Woods)对编辑工作一丝不苟。琳达·格雷戈尼斯(Linda Gregonis)编制了本书的索引。

书中的阐释以及本研究的所有疏漏不当之处,概由作者本人全权负责。

目　录

图表目录

I

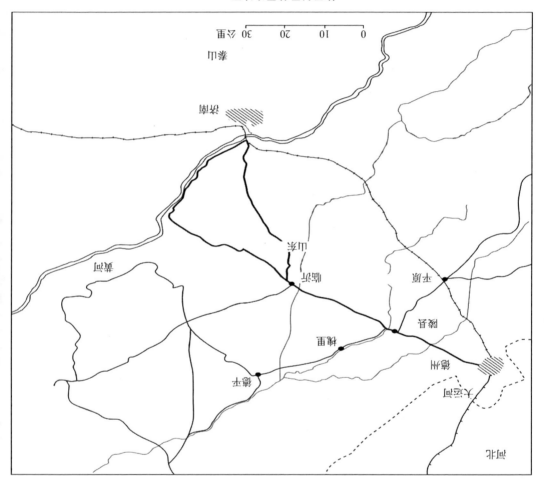

楠西村及其周边地区

0　10　20　30　公里

秦山

济南

山东

肥城

平阴

河北

东平

泰安

楠西

曲阜

大汶河

邹县

河北

国家与市场之间的中国村庄

第一章　引言

当中国着手其农村经济改革时,改革计划中并没有包括妇女的改变。从概念上来说,改革开放是一项社会性别盲视(gender-blind)的政治经济战略。它的目的是促进农村和整个国家的经济增长。但是,伴随改革开放的铺开,它产生了更为深远的影响。改革波及农村社会生活的方方面面。这意味着社会性别关系被重塑,因而事实上或潜在地改变了妇女的生活。

当男人离开农村,或者至少在外面打工,妇女在农业中承担起日渐重要的角色。不同于传统上女性在农业中的边缘角色,即"男耕女织"的经典表述,到了20世纪90年代,妇女承担了全国约三分之二的农业劳动。小型乡镇企业的生产率驱动着中国经济的成功,这些小企业在很大程度上依靠农村年轻女性的劳作,尤其是在关键性的纺织业与轻工产品部门。家庭企业如雨后春笋般遍布整个农村。这些企业通常基于一对已婚夫妻的合作和劳动分工。对于许多已婚妇女而言,这为她们提供了施展从前无用武之地的技能的机会。而缺乏技能、资本或机会的其他妇女则陷入了更加困难的窘境。农村已婚的年轻妇女发现,她们自身及其年轻丈夫的经济潜力使她们获得了前所未有的独立性,并使她们在婆媳关系中处于更为有利的地位。其他年轻妇女则暂时或永久离开了农村,到其他地方去寻求更好的生活。农村社会性别关系的整体结构开始呈现显而易见且更加微妙的变化过程。

对这种新出现的广泛可能性,农村妇女的回应方式五花八门。比起过去集体化时代下的相对同质性来说,想概括她们现在的生活状况变得尤为困难。持续不断的经济分化对妇女的影响,不仅体现在她们与所在地及与其男性亲属的关系上,而且也取决于她们自身的活动。然而,尽管当地社区和家庭已有所改变,但它们仍旧是男性中心和父权制的。性别关系和性别劳动分工方面的重大差异,使农村妇女群体仍然拥有实质性的共同利益。

在改革第一个十年之末,即 20 世纪 80 年代后期,转变中的性别关系对妇女的特殊影响以及对整个农村社会再度商品化带来的影响,已变得越来越显著。在 20 世纪 80 年代最后几年,除妇女和男性塑造着其自身生活的变化之外,源于妇女运动的一种有组织的回应逐渐构思出来并被付诸实践。

这本书凝聚了许多中国妇女的努力,这些妇女让我知晓了改革开放背景下她们改善中国农村妇女生活的愿景(vision)。这种愿景与之前我从负责"妇女工作"的那些基层女领导身上所期待的发现有所不同。后者的出发点是这样的一个命题,即妇女的决定性问题是他们的"素质"太低。通常可能是在非常笼统意义上使用素质一词的,这里的要点在于,识字、受教育和技能能够使妇女在市场上成功竞争并大展宏图,但妇女在这些方面均处于劣势。基于妇女素质是决定性因素的这种认定,有关方面制定和实施了一揽子项目和政策以提高妇女的素质,特别是在基础教育和实用教育方面,并引导妇女在中国"社会主义市场经济"中更成功地进行竞争。这里的一个典型悖论是,官方妇女运动,即中国共产党领导下的各级妇联,正引领着这一行动走向市场。

作为国家的一个左膀右臂,官方妇女运动是如何将该行动引向市场的? 我们可以笼统地将这作为当代中国国家与市场特征独特融合的一个方面来加以考察。我在这项研究中的关切点更加具体。我尝试用"特殊民族志"(ethnography of the particular)(Abu-Lughod,1991)方法,即将这种愿景放置在改革开放的特定历史情境以及在改革开放背景下妇女策划的种种努力中加以探讨。

关于当代中国的妇女组织值得讨论的议题可能有很多,我的研究仅限于我能够观察到的复杂变化,以及 1988 至 1995 年间一系列实地考察中与相关妇女进行的讨论。本研究的框架取决于那些年我在山东省做的田野调查所呈现的情况。本研究还有着更广泛的意义,在 20 世纪 90 年代全国性的政策文件、中国学者的研究,以及中国妇女所撰写和其他关于中国妇女的出版物,特别是妇女工作亲历者笔下的出版物中,同样的政策和实践都显而易见。本研究的贡献在于将本人与这套政策和实践的遭遇置于一个当代社区的民族志研究之中。

中国的妇女组织

在社会变革的更大进程中将中国妇女组织起来并非新鲜事。① 在 20 世纪大多数主要的社会革新和运动中,妇女和妇女问题都占有一席之地。中国共产党 20 世纪 30 年代初期在南方苏维埃政权中进行的最早治理实验就包括一个关于妇女权利的

---

① 有大量关于中国妇女组织的优秀文献。本书参阅的主要著作包括 Croll（1978，1981，1983），Davin（1976），Diamond（1975），Gilmartin et al.（1994），Honig & Hershatter（1988），Jacka（1997），Johnson（1983），Stacey（1983）以及 Wolf（1985）。

激进议程,特别是在婚姻方面。随后的延安时期(1937—1947年)这个领域有所削弱,因为共产党要巩固它对抗日战争和随后解放战争时期所依赖的农村男性的支持。但同一时期也见证了妇女在农村生产和地方治理中发挥的重要作用,她们取代了男性缺席的位置,并在边区的政策中找到了一些新的利好机会。中华人民共和国的第一部法律是《婚姻法》。该法律于1950年颁布并于20世纪50年代初进行了普法宣传。它直接针对妇女在父权制家庭中遭受的特殊压迫。大约同时,在1947—1952年的土地改革中,通过分配土地,妇女至少获得了名义上的经济平等。随后,妇女越来越多地参与到集体的公共劳动中,即便整个家庭的报酬可能都给了(通常是男性的)户主,但通过工分制妇女也获得部分报酬。肇始于1958年的命运多舛的"大跃进"运动,包含了通过建立公共食堂和托儿机构使家务劳动集体化的实验。当农村地区正在发生这些变化时,城市制度的重构包括了为妇女创造同工同酬的就业机会和具有性别敏感性的福利方案。"文化大革命"(1966—1976年)的最初并没有包括关于妇女的特别活动,虽然到"文革"后期,越来越多妇女进入到传统上男性的工作领域,妇女在领导层中的代表性也增加了,并且鼓励男性到女家落户的婚姻。

短暂的过渡期之后,始于1978年的改革开放对女性来说并不十分有利。在20世纪80年代,许多担任领导职务的妇女发现自己被边缘化、调任或退休了,改革开放之初推行的政策并未关注基层妇女的需求。20世纪80年代也见证了官方妇女联合会既定框架内外中国妇女运动的复苏。

所有这些变化都与国家紧密相连,特别是与中国共产党息息相关,不管是在它建立了全国政权之前还是之后。这些变化既有赖于中国妇女的贡献,也重塑了中国妇女的生活。妇女也在这个框架之外组织起来促成变化,特别是在 20 世纪初。但从历史上看,将妇女解放与社会主义运动联系起来的那些人具有更大的影响。最终采用的方案是,将妇女运动与争取民族解放和社会主义革命联系起来,后者包容前者,前者从属于后者。对于共产党的领导人(他们几乎是清一色的男性)而言,他们在继续拥抱并贯彻父权制信念和实践的同时,也承认包容性的社会主义愿景对妇女解放的承诺。其结果是一种令人忧虑的融合,通过国家支持的妇女运动取得了一些显著的成果,但也存在明显的妥协。

自 1949 年以来,尽管中国的国家政策总体而言比整个社会更支持妇女的权益,尤其是对于生活在囿于男性中心社区的农村妇女来说,但要落实这些成就并非执行一个政策那么简单或直接。在考虑中国农村妇女的变革前景时,至关重要的是将这些可能性放置在这些社区及其社会结构的情境之下。长久以来农村社会生活的规范依然是男娶女嫁,男人婚后仍留在自己出生的社区,而那里出生的女性要嫁出去,并把别处的女性娶进来。尽管有少数男性到女方家落户的婚姻,而且近来对村内婚姻的接受度有所提高,但农村社区仍建立在从夫居制度之上。从夫居的意义不仅在于男人仍留在同一个社区,而女性婚后会经历一个断裂,她们要移居到自己原生家庭之外的别处建立其成年生活。从夫居也意味着生活在社区中的男人们,他们的外部领域或公共生活是围绕有关男性的多世代群体而构成的。在我所熟悉的山东省的许多地方,村内的世系可以追溯到约 20 代,而且这样的村庄通常是单一宗族。处于本研究核心的槐里村,尽管是个多姓村庄,这里也有一个核心家族可以上溯到 20 代,这里同样存在一个处理村庄外部公共事务的类似的男性核心(不过是多姓氏的)。这

5

种构筑社区的模式,加之反对妇女参与外部公共事务的文化钳制,使正式和非正式的社区纽带都是由男性或者通过男性实现的。1949年之前,这种情况基于更直接的父系血统为基础的模式。集体化之后,这些社区被赋予了政治和经济权威,而在去集体化之后则以行政村的形式出现。法人单位的确切边界、规模和数量虽然各不相同,但是每次转型都保留了深厚的男性为中心的特征。这样的社区明显抵制赋予妇女结婚、离婚或子女监护权利的变革,所有这些都触及了社区成员的要害。这些社区也阻止妇女充分平等地参与社区的经济和政治事务。

对妇女来说,基于家庭和家户的策略是她们最普遍的追求。她们与子女、孙辈以及尽可能(在多数婚姻仍是半包办的情况下)与其丈夫维系牢固的联系。尽管不鼓励年轻的已婚妇女与自己户外的妇女建立联系,除非与嫁给其丈夫最亲密亲戚的那些妇女建立联系,但她们可以正当地在自己户内担当重要角色。妇女渴望独立管理自己家庭的愿望,是促成分家立户和核心家庭数量增加的主要驱动力之一。妇女可以管理或共同管理家庭资源,通过饲养家禽家畜或其他家庭经营活动对家庭收入作出重大贡献。尤其是在改革开放年代,妇女可以独自经营或与其丈夫共同经营小规模的家庭企业。尽管并非每个女性都受过教育、拥有技能和资本或利好的家庭关系去这么做,但许多妇女确实发现,相较于进入男性占支配地位的外部领域,这是一个更切实可行或许更可取的目标。

在上述情境下为妇女谋利益促成变革成为一项艰巨的任务。迄今为止,关于这一主题的许多西方学术著作都关注国家角色的问题,本研究在某种程度上是这一学术路径的延续。但这并不是说国家是农村变革的主要推手,而困难仅仅在于当地的贯彻实施。

就 1950 年《婚姻法》的影响对山东省三个社区的老一代女性进行访谈，对我本人在这件事情上的看法产生了决定性的影响（Judd，1998）。访谈之前，我的理解是，这项法律连同全国范围内贯彻该法的运动是一个阈值事件，标志着新的人民共和国采取了协调一致的努力，即便这些努力对干预父权制的家族方面只取得了部分成效，但这使妇女摆脱非愿意的婚姻成为可能。我与在 20 世纪 40 年代末和 50 年代初在这三个村庄中担任领导职务的所有妇女进行了长时间的交谈，当时妇女常常代替缺席的男人担任这样的角色，我还与其同代的其他许多妇女进行了交谈。令我震惊的是，她们都没有提及《婚姻法》；即使我明确问起这个问题，她们并不认为《婚姻法》有什么重大意义。同样令我震惊的是，她们讲到那个时代的一些年轻妇女如何自己解决了自己的婚姻问题，即离开非愿意婚姻并随后再婚。没人跟我提到政策及政策执行的不尽如人意；有人告诉我一些妇女如何积极改变她们自己的生活。从上述案例中我看到，那些靠近新崛起政治力量的年轻女性处于做出这一改变最有利的位置，而新政策和国家体制在某种程度上起了间接的催化作用。与我交谈的妇女强调妇女自身的行动，并补充说，这些妇女尚未生育，否则她们是不可能采取这些措施的。

在我看来，从妇女的这一口述史中可以了解到重要的一点。鉴于多数西方女权主义观察者都对中国妇女及其变革运动抱有明显的同情，我们可能已不经意地将中国妇女东方化了，即将之以被动者的形象呈现，与之对应，国家权力的作用同样被夸大了。现当代中国农村妇女发挥其能动性的实际运作，充分利用了国家政策和计划所提供的资源以及国家的组织部门如妇联，但她们的能动性扎根于农村社区的即时结构，并主要有赖于妇女自身。

一个农村社区

本研究的出发点是槐里村，它坐落在山东省德州市，是一个以农业为主的行政村。从 1988 到 1995 年间，我五次到访这个村庄，本书的大部分内容都基于该社区妇女的生活。尽管本研究也关注其他地方的问题，如槐里村所在的乡和县、山东省及全国的其他若干城市。这些问题的重要性牢固地植根于槐里村和无数像槐里村这样的村庄。

我花了很长时间来寻找一个能探索去集体化进程的社区，我最终来到了槐里村。我此前曾被引介去了那些侧重于发展乡村工业的村庄，尽管事实证明这对于理解农村的新生力量很有帮助（见 Judd，1994），但我试图寻找一个可以探索崭新的以家庭为本的农业经济的地方。陵县的一些地点对于开展研究似乎相当不错，但一个偶然的机会我受邀请参加了在槐里村举行的一场婚礼，我随后被允许在那里持续做我的田野调查。

在以前的集体化时代，槐里村曾是一个相对成功的生产大队。除谷物和棉花外，该村在蔬菜种植方面也做得很好。但 1984 年集体解体时，它缺乏靠近城市中心或多样化的非农基地的优势。不久之后，槐里村相当数量的土地被征用来建设世界银行支持的水利项目，这对该村来说是个重大损失。这种不幸的地理位置意味着槐里村比毗邻村庄丧失了更多土地，曾有一年形势十分严峻，以至于没有一个妇女嫁到槐里村来。但随着槐里村采取举措将得到的补偿优势最大化，村庄经济和婚姻状况很快得以改善,这也得益于村庄的地理位置(参见图表目录中的示意图)。槐里村与一条小沥青公路接壤,尽管交通并不繁忙,该路提供的一些交通便利为汽车修理和小生意提供了商业机会。此外,乡政府办公地点就位于道路另一侧的不远处,吸引了当地行人。乡政府所在地是乡工作人员的办公区和住宅区,建有围墙,但它较小,本身并不是市场中心。定期集市位于宽阔的街道上,这条街道将槐里村与邻近的东街村分隔开来。东街村才是个集镇,但槐里村也因与其比邻而受益。槐里村的发展战略是鼓励各家在路边或挨近定期集市处开设小店铺和其他营生,或任何有利可图的其他形式的小生意。在 20 世纪 80 年代后期,也曾尝试发展一些村办企业,主要是纺织业,但在 20 世纪 90 年代经济不景气中未能幸存下来。该县为数有限的乡镇企业的命运大多如此。在改革开放时期,槐里村选择的发展道路是剩下土地的集约化耕种与促进家庭企业的混合。大多数槐里村家庭都尝试过家庭企业,至少有一家企业取得了某种成功。这些企业规模都很小,很少雇用家庭以外的人,但这些企业可以为家庭创造可观的收入。土地仍然很宝贵,是粮食、饲料和纳税的一个基本来源,但在土地贫乏的槐里村,一个家庭企业对村民的福祉来说至关重要。

1988 年,槐里村共有 220 户 997 人,社区的规模在随后几年逐渐增大。一个比较成功的企业有时从村外招工,这成为村庄人口唯一的临时性增补。尽管槐里村没有经历 20 世纪 80 年代其他一些地区出现的男性大量外迁的特征,但总有一些人不在村里,他们或临时或长期在外务工。若干妇女婚前就永久离开了村子,少数做生意成功的年轻夫妇也离开了村庄。槐里村与村外并没有强大的经济联系,也没有就业的联系。这种情况在 20 世纪 90 年代中叶开始发生转变,因为槐里村在以天津市为中心不断扩展的经济区域中建立了更大的联系和机会,不过槐里村在很大程度上仍依赖其自身的劳动力和资源。

挨近主要城市或位于经济繁荣的沿海地区的那些村庄变得富裕起来了,但槐里村并没能享受到这一新富足。尽管一些家庭在 20 世纪八九十年代盖了新房,但它们仍沿袭了传统的平房样式,而不是现代的多层楼房结构。到 90 年代中期,少数家庭已开始安装暖气片和电话,后者主要用于商业目的。经济发展的步伐参差不齐,在 90 年代初,整个陵县都困难重重,但可以看到这个村庄总体而言有适度改善的轨迹。该村对有限的耕地(平均每人不到一亩)持续精耕细作,在此基础上同时积极发展小企业,两者的混合一直变动不居。尽管从一个村庄本身无法全方位捕捉多样性,而且与周边多数村庄相比,槐里村的商业化程度更高,但槐里村可以被视为代表了经济发展处于中等程度的中国农村社区。①

在某些时候,槐里村的妇女工作(即众所周知的官方妇女运动)通常比一般地方更活跃。中国所有村庄尽管都有一个名义上机构开展这种活动,但它们并非总是很活跃。有一个长期担任县妇联副主席的妇女干部曾在槐里村所在的乡工作。而且,从县城经由公路(半小时路程)可以颇为方便地来到槐里村。我第一次来槐里村的时候,一位较年轻的妇联副主席在做简短介绍时就将槐里村作为一个范例,通过她的定期来访以及与村妇女委员会的一致努力,槐里村在促进妇女参与"庭园经济"活动方面取得了一些业绩。在随后几年,村里没有妇女主任,槐里村的妇女工作也

---

① 有关 20 世纪 80 年代槐里村社会性别与政治经济的进一步的背景资料,请参阅 Judd(1994)。

不如以前活跃了。后来在一个新妇女主任带领下恢复了活动,也开展了"双学双比"竞赛。之后一段时期,除检查计划生育政策的执行情况之外,滑入了几无活动的时期。槐里村以其自身的经历表明了积极采取各种创新举措的可能性,以及妇女工作和妇女组织的脆弱性。

10

研究

这里所描述的研究是在田野调查的过程中成形的,是对槐里村妇女、对槐里村和山东省其他地方妇女运动的回应,也是与槐里村妇女讨论的结果。我最初的目的是广泛探究去集体化以及家庭经济的重现给中国农村生活带来的影响。这必然包括妇女和男性,并需要理解性别关系及其正在经历的变化。我是否要跟男人打交道和交谈,这从来不是个问题,他们是每个社区的领导人,活跃于家庭以外的领域,包括与外国人互动。从一开始,我就强调要确保我也与女性一起工作并交谈。我寻找从事妇女工作的那些妇女,或以任何其他方式活跃在家庭之外的妇女,如教师和以前当过教师的、成功的企业家、卫生员和助产士等。我也确保在我研究的家庭样本中妇女家庭和工作状况的多样性。我还试图在每个村庄招募女性和男性作为研究合作者,并且通常能够招到。当然,我访问每个村子的时候都有官方的陪同人员。这通常涉及共用一个房间,因此,接待方常常发现最方便的办法是求助于妇联找一个陪同,既安排日常起居,也安排日常的田野调查。这些妇女不仅在帮我有计划地安排入户访谈和知情人访谈时必不可少,而且还使我得以洞察她们自己工作的乡镇、县级和省级所开展的妇女工作。

这项研究既包括从家庭样本中获得的有关妇女的系统数据，也包括对槐里村及其周边展开的妇女运动的深度纵向考察。有关槐里村妇女的数据，使我能够系统地审视妇女识字状况、教育和就业等问题，并探讨妇女运动创新项目与当地政治经济及妇女活动变化之间的关系。

对妇女运动的纵向研究始于 1988 年，我当时访问了一些家庭，这些家庭里的妇女在 20 世纪 80 年代中叶取得了引人注目的成功。我想要调查的是"庭院经济"倡议为这一成功提供了什么背景。从本质上说，这是通过最大限度地利用两种尚未充分利用的资源，即妇女的劳动和庭院空间，来增加收入的一种努力。它建立在妇女与庭院内部领域的传统联系之上，以及妇女们长期参与诸如家畜饲养等活动。不过，它试图在更广泛、更密集的水平上予以促进，以期大幅度增加家庭收入。该倡议还有一些额外的影响，包括加强妇女之间的组织纽带以及促进新技能的培训。基层妇联的女干部和槐里村的妇女努力为其社区中的妇女寻找有前途的经济门路，并想方设法使更多妇女从中受益，因为近来要求她们为妇女制订当地的经济发展计划。

各地类似的努力为妇联 1989 年起发起名为"双学双比"活动的全国性创新活动奠定了基础。这个新方案指的是一系列"活动"，以有别于早先的社会动员运动。这是国家撤出动员活动总体举措的一部分。不过，我在这里概述的"双学"确实具有某些动员的元素，因为它是由官方的妇联代表国家来组织的。它有别于早先的那些运动，更强调自愿的性质。妇联组织所力求并尽可能报告的是较高的参与率，但这个新战略是通过提供增加收入的前景来吸引妇女参与的，而不是（仅仅）依靠行政命令或动员来招募。

"双学双比"一词是一个惯常的简称。正如它的字面所示,是由四个要素组成的计划:学文化——成人基础教育;学技术——旨在快速创收的实用技术培训;比成绩——在当地妇女中开展实现经济成功和赢得社会认可的竞赛;比贡献——通过经济上成功和作出社会贡献的竞赛。该计划的核心,特别在其初期,就是通过提供面向市场经济的短期培训来努力增加农村妇女的收入。这个计划的其他内容也是围绕着这个核心展开的。

有大量证据表明,1989年槐里村已有了庭院经济,"双学"活动正是在此基础上成长起来的。那一年,我开始听到与"双学双比"活动有关的独特话语,其主要论点是,妇女发展的决定性障碍在于妇女素质低下。同样在那一年,我首次萌发了如下想法,即不仅要审视官方的妇女运动,而且也要看官方妇女运动之外涌现出来的那些要素。

1990年,除了追踪槐里村的发展,我开始在山东省的三个城市(济南、青岛和济宁)探究官方妇女运动的外围。我与各种促进妇女发展的专业团体、研究团体和个人开会研讨。在这些地方,素质以及有关素质话语的问题,也成为关切重点。素质不仅是农村妇女的问题,也是那些有幸在政府机构任职和从事专业工作的妇女面临的问题。

1992年,当我再次回到槐里村时,我发现"双学"活动正处于高潮。部分原因在于该活动此时得到了大力落实,部分也得益于槐里村有一位工作卓有成效的"妇女主任"。正如人们所料想的,这些年槐里村的妇女领导即村妇女主任,是从村里能力更强、更有人脉的妇女中挑选出来的。这些妇女也最有可能离开村庄去其他地方寻找诱人的机会。到1992年,这已是我见过的第三位妇女主任了,她很快也将离开。当她在任时,她卓有成效地将妇女组织起来参加以市场为导向的活动,并参加了"双学双比"的官方竞赛。到这个时候,我主要专注于理解"双学双比"实践及其对基层妇女运动的意义。我继续按部就班地对农户进行访谈,更新了过去访谈过的农户资料,并增加了研究的农户数目。我也继续追踪女积极分子生活的发展状况和在市场上取得成功的模范。

13　　此外,我花费了相当多时间继续考察探究从村到乡再到县各级当地妇女运动的记录和文献。我以前已阅读过一些,但记录"双学双比"的文献在村和乡两级都增加了不少,并且这些都广泛可得。县妇联还允许我阅读有关其总体工作的大量文件和报告,尤其是与"双学双比"相关的材料。我还辅以全国妇联和省级妇联的内部出版物如《中国妇运》和《妇女工作》等已公开发表的资料。这两种杂志最初都是妇联工作者提供给我的,我自己后来也订阅了。在这些年里,我还查阅了各种更易于得到的中文出版物。

在此前的每一次访问中,我都花些时间与来自省、地区和县妇联等更高级别的妇女会面,但从这次访问开始,我与县一级妇女开展了更紧密的合作,以便将槐里村置于特定的时空背景之下,并更好地理解国家在这个关键性的地方层面为在基层工作的妇女提供了哪些支持。除了查阅文献,加上与有时陪我去做田野工作的那些妇女合作,我还与县妇联的几位妇女进行了广泛的交谈。

1995 年,我再次造访陵县和槐里村,主要是继续研究"双学双比",但同时也探索妇女运动的更广泛领域。到此时,原初构想的五年(1989—1994 年)"双学双比"活动业已结束,并且在原来工作的基础上加以修改启动了第二阶段。"双学双比"的新阶段已从扫盲转向了更高层面的技术培训,从小规模的地方项目转变为融入地方经济的发展规划。这里的地方规划指大规模养鸡出口到东南亚。为了参与到这项努力中,妇女们当时正在接受中国农村致富技术函授大学(简称农函大)的妇女课程培训。然而,槐里村并不是这个养殖项目的重点,其妇女工作的重心已转移到落实国家的计划生育政策上。1995 年,我再次访问了农户,对各级妇女运动的参与者进行了访谈,并阅览文献。

我相信,我的这项研究工作相对翔实地描述了当地的妇女运动和妇女工作,这也是扎根于民族志的研究。但它仍是一个局外人的观点,并且必然受制于这个视角。从女权主义方法论的观点来看,研究者有必要充分参与到所涉议题的女权主义实践中去,以便能够了解它们,并且能充分向他人再现。这样一种方法在这项研究中是不可能的。我试图冲破那些将我自身生活与中国妇女的生活分隔开来的差异,但这些差异仍然存在。1974 至 1977年,我作为一名学生在中国生活过,从 1986 到 1997 年,我大约每年返回中国一次。在大多数情况下,或者从事学术性的田野工作,或者参与性别分析和"妇女参与发展"(Women in Development)的工作。作为加拿大女权主义者,我也参加了1995 年在北京举行的联合国第四次世界妇女大会和妇女非政府组织论坛。我在中国以各种不同方式与中国妇女展开一些互动,并对她们的生活有所了解,但她们与我自己的生活状况总是不尽相同的,这包括文化上的差异、我作为中产阶级的特权以及作为一个人类学家的工作领域的不同。

这项研究最终得以完成,要归功于中国妇女,是她们帮我从外部的视角去理解她们的生活和工作。与我有更多交往的那些人都知道,我在其他很多地方生活过,包括参与女权主义行动。但在中国,作为一个外国人,我必定还是一个外人,不可能直接参加中国的妇女运动。我之所以不能这样做，是因为我在中国只是一个过客，也是因为这会成为外国人插手中国事务的一种形式。中国坚决不让外国势力插手（即便他们就居住在里面），此举也延伸到了妇女运动中。对于长住中国和在中国境内越来越多致力于支持妇女发展项目的那些人来说，他们能够比别人更深入地参与这些进程。然而这种差异仍然是真实存在的。学会以局外人的身份去生活，是来自其他地方的人学会在中国生活的技能之一。

从内部来看中国妇女运动如何运作，我作为局外人有很多东西无从知晓。因此，关于她们农村基层的运动，还有很多事情需要中国妇女来告诉世界其他地方的人们。尽管存在这些障碍，我仍着手撰写这本书，一个原因是在中国以外几乎没有关于这项工作尤其是村级工作的第一手翔实资料。我写这本书还有一个额外优势，我在这里添加的补充材料，可以与我早前在同一个社区所做的民族志研究联系起来（Judd，1994）。当然，它并非尽善尽美，并且只反映了当时的情况。尽管如此，这一描述可以帮助增进国际上对中国基层妇女运动的了解。

置身于中国妇女运动之外并不意味着中国妇女运动在我的关切之外，或者说我尚未思考中国妇女运动。"这里"和"那里"两者之间不易截然分开。我并无企图也未声称任何形式的无法实现的客观性。但我的确采取了从本质上来说是现代主义的一种立场（见 Wolf，1992）。我的目的是探寻接近这些妇女生活"现实"的叙述。尽管本书着重聚焦于山东妇女，但我也寻求一种批判性视角来审视我自己，以作为理解并探究这种被建构现实的一种方法。这里当然存在一个隐含的假设，在中国、加拿大以及其他地方，为了妇女的利益而促成转变是一件社会公益，为实现这一目标而采取的有组织行动可能是有效的。我也以这种变革的远景作为出发点,认为只有囊括了所有妇女,特别是那些遭遇多重障碍和最为脆弱的妇女,这种变化才有价值。我通常会避免使用"女权主义"这个术语,因为它在中国语境中通常被理解为是一种西方建构的、偏向中产阶级妇女的和以市场为本的平等观念。就女权主义或更广泛的妇女运动可能是什么或应该是什么展开辩论,具有重要的理由,我以前曾尝试探讨过这个问题(见 Judd,1995)。就目前的目的而言,我将以槐里村和山东省其他地方妇女运动的特殊性为出发点。在接下来的章节中,我所考虑的焦点并非妇女运动是好是坏,而是详述促进变革的当地特殊策略,探究妇女运动是如何概念化以及如何运作的。

本研究是在高度公开的环境下进行的,这是在中国做研究的特色,所有研究都是通过官方渠道公开进行的。所有相关人员都知道,这是外国学者进行的一个研究项目的组成部分,研究结果将公开发表。而且,在我进行家访和访谈时,每个人都知道有官方随行人员。事实上同样是田野工作,作为一个国外研究项目,比起那些本地研究而去收集资料,所受的约束可能会少一些。在这些环境下,既不可能保证匿名,也无法提供保密性。不管怎样,我略微隐匿了社区的地理位置和当事人身份;除了援引自出版物的,我没有使用真实的姓名。我在这里呈现的个人都是完全公开的。我并没有试图规避对我施加的限制,也没有谋求特权来获取私人或公共的资料。

妇女运动

中国妇女运动与西方读者所熟悉的样貌迥然不同。自 1949 年中华人民共和国成立以来,它一直是由官方的妇女运动机构,即众所周知的妇女联合会主导的。这些机构最初是 1949 年以前在共产党治下的边区建立起来的,后来成为全国性组织。原初称作中华全国民主妇女联合会,自 1957 年起改称为中华全国妇女联合会。除"文化大革命"期间出现短暂的中断以外,这一组织结构延续至今,变化有限。

用经典马克思列宁主义的术语来说,妇女联合会是一个"群众组织",是共产党影响某个特定群体的一个纽带,此处指的是妇女。与之并行的还有针对青年和产业工人的类似组织(分别为中国共产主义青年团和中华全国总工会——译者注)。群众组织隶属于党而不是政府,尽管在某些方面(比如在财政上)比政府部门更弱,但在这里它被认为是国家的一个组成部分,也就是说,国家的统治结构包含党、政府、武装力量及与那些元素相关的所有机构。[①]

个人不能加入妇女联合会,但所有妇女至少名义上都属于该联合会的成员。在实践中,通过针对工人的群众组织(即工会)与女工进行联系。直到近期,政府机关的妇女尚未成为目标。妇女联合会的关注点很大程度上在于如何影响农村妇女的问题,妇联的多数工作人员都致力于此项工作。

妇女联合会有好几个行政级别,与国家行政结构是平行的:即国家、省、州/市、县和乡/镇。尽管在这些层级之间有一个领导框架,但同时每一级的妇女联合会均在其自身级别党委的领导之下。在中国,这种行政安排几无例外,但值得注意的是,这意味着每个妇女联合会都在自己的层级上与国家紧密相连,妇联本身的

---

① 妇女联合会对于其处于国家权力边缘的状况并不十分满意。一些工作人员认为妇联享有成为一个政府部门的优势将会更好。为了获得国际援助并与国际非政府组织建立联系,近期的一个主导性方法是试图将妇联界定为"非政府组织"。

结构并不具有自主性。

妇女联合会的使命是动员全体妇女贯彻执行党的政策,同时也代表妇女并谋求妇女的利益。历史上,妇联一直将优先目标放在为了党的方案而动员妇女。作为社会主义的方案,这可以被解读为涵括了将妇女解放作为一个目标,因此,为党工作和为妇女工作在本质上是兼容的。实际上,妇联的大量工作都围绕着实现诸如经济发展等总体社会目标,而不是针对妇女的具体问题。鉴于妇联的人员和资金非常有限,将其纳入国家的总体工作,导致了可用于妇女权益工作的资源大为缩减。尽管如此,这种结构的存在为妇女提供了一个由公共资金资助的全国框架,而且这一框架从历史上看颇为成熟。

妇女联合会的工作是由专职工作人员来执行的,这些工作人员经由政府部门惯常的人员分配机制派到妇联去工作。也就是说,这些人并非因为对妇女问题的倾力投入或积极争取而成为妇联工作人员,而是被派去从事这项工作的,并且可以调入或调出妇联。尽管对新来的工作人员需要不断进行入职培训,因为这些新来者在分配到妇联工作之前可能对妇女工作并没有给予很多思考。诚然,这些妇联工作人员对妇女工作总的来说是尽职尽责的。妇联工作人员的绝对数目十分庞大,这是因为妇联是每一级国家机构的组成部分。然而这可能只是表面现象,因为到 20 世纪 90 年代中叶(政府工作人员普遍缩减后),一个县很可能只有六名妇联工作人员,每个乡镇只有一或两人。由于妇联工作人员通常还要做其他工作,尤其是在乡镇一级,因此人力资源十分匮乏。妇联的架构尽管薄弱,但它贯穿于整个行政结构,一直正式延伸到乡镇一级。除了这点,它还与村妇女主任建立联系,后者不属于妇联,但与妇联紧密相连。

18

在多数情况下,一个独立的妇女运动儿乎是不可能的,因为官方妇女运动占据了代表妇女利益进行合法组织的基础。诚然,中国的妇女运动在很大程度上被视为做妇女工作的那些人的职业,即在妇联工作或与妇联有联系的妇女。妇女可以采取以个人或家庭为导向的策略,其中可能包括谋求妇女主任一职,但除官方渠道外,农村妇女组织起来的现象颇为罕见。

自 20 世纪 80 年代以来,城市中出现了一种更为独立的妇女运动,比如大学的妇女研究圈子,新成立的非政府组织及在发展中的组织。当这些团体转向农村开展工作,它们通常与官方妇女运动的现有架构联系在一起。这一点并不难做到,因为妇联本身也在重整旗鼓,渴望通过寻找新的盟友和新的组织模式将其工作范围拓展到传统渠道之外。

在某种程度上,本书关切妇联的战略,但实际上更关切官方妇女运动边缘正在发生的事情。妇女运动与妇女们的生活互为交织,后者在一个转型社会中规划着自身的行动路线。

第二章 素质的含义

　　研究揭示,素质已成为当代中国农村妇女运动的症结所在。素质的概念具体出现在关于"提高素质"或"成才"的项目和话语中,而且这个概念有许多细微差别和影响。在阐明与素质相关的各种含义和提高素质的各种策略时,明显可以看到素质如何能够成为一个目标,其中反映出多样化的意图和愿景。

　　这种讨论大抵都涉及妇女的经济角色和发展的概念化。但是十分重要的是,这种讨论要将政治经济学分析放置在有关妇女能动性的更宽泛的背景之下来审视。在这里,该战略的决定性因素在于它优先考虑妇女内在的素质。就其最宽泛的意义而言,该战略是使妇女变得强大的途径之一,目的是使她们能更有效地改变自己的生活。本书讨论了有关妇女赋权的国际话语的共鸣、关于妇女赋权的含义,以及如何才有可能实现赋权,并比较其歧义。

精神文明

　　"提高妇女素质"到底是什么意思?或它意味着什么?这部分取决于阐述时的层级及它针对的受众。按照中国的惯例,国家最高级别的陈述通常故意表达得较为宽泛而且不甚明确,以便随后可以更具体地加以解释，而且其应用也可以地方化和多样化。在最常见的级别上，提高妇女素质的提议仍是整体上提升整个中华民族素质的更大计划的一部分。正如这一说法初露端倪时针对妇女的程序化表述，这一计划包含了精神文明和物质文明两个维度：

20
　　社会主义不仅要实现经济繁荣，而且要实现社会的全面进步。坚持社会主义物质文明和精神文明一起抓，是我们的基本方针。精神文明建设，说到底，是要提高全民族的素质，培养有理想、有道德、有文化、有纪律的社会主义新人。不能设想，一个没有强大精神支柱的民族可以立足于世界民族之林。我们必须深刻吸取近几年来在物质文明和精神文明建设中一手硬一手软的教训，在努力发展物质文明的同时，切实抓好精神文明建设。发展教育和科学是百年大计，对社会生产力和民族素质的提高具有重大的深远的意义（江泽民，1989）。

在诸如此类的陈述中，始终聚焦于将国家发展与人类发展的构想相互关联。这些构想可以用来表达更宽泛解释的术语。

中国仍存在几股活着的传统。每一种都有助于深入强化这种对素质更宽泛、更开放的理解，并引起共鸣。经典儒家传统关于人是可塑和可教化的观念根深蒂固，这种观念一直存在并渗透于现代教育中。其中经典的观点是将人视为具有道德和政治性的生物，它并不狭隘地拘泥于技术教育（Munro，1977）。这种方法在 20 世纪中叶与马克思主义对人性的解释交织在一起，后者要求人类与物质世界进行全方位和创造性的互动。这些思想传统与中国的革命传统相融合，不断号召政治参与者在实践中为实现更高水平的自我修养而奋斗，这些实践活动有时与整风运动中的批评和自我批评相联系，而且，它们总是不断号召提升修养（参见刘少奇，1980［1939］）。在中国革命传统中，重点强调个人的内在变化，这种强化很可能受到历史是创造出来的这一认识的影响，在这一历史中，革命运动所依赖的是广泛分布在华北各地村庄的有关人员。当时呼吁个人积极分子将一种思维模式加以内化，这样的话，即便他们孤军奋战，也可以为了一个中心目标而努力（Compton，1966［1952］）。

当代话语有可能凭借这些传统中的元素，或含蓄或明确地将 *21*
当前的政策导向予以合法化。当代政策被描述为"社会主义的"，这一独特要求致使人们对马克思主义传统包括其人道主义思想加以复杂的、选择性的引用。假如说人类价值观的发展是社会主义的根本，那么，将优先目标放在民众教育上，则是当代中国政策的一个合法组成部分（见包心鉴，1995）。这一立场可以引申出各种不同的阐释。当前政策中所强调的一种阐释是从教育的意义特别是从科学和技术的角度来审视人的发展。既然最重要的生产力是人，它就是生产力发展的一个关键要素（例如，见 Yao Zhongda，1984；江泽民，1989；包心鉴，1995）。生产力的发展是有关中国特色社会主义的改革解释中一个典型的优先事项，截然有别于早先更激进地强调转变生产关系。通过将受欢迎的、人道主义的社会主义变革愿景纳入量化的发展经济的改革战略之中，这两种阐释之间的区别就变得模糊了。由此催生的关于人类发展的国家政策便非常强调物质特别是经济因素，同时也抓住了在其他意义上培养素质的可能性。

妇女素质

官方妇女运动提高妇女素质的政策，与这个框架十分吻合（见梁旭光，1989）。除注意到提高妇女素质是提高国家本身素质必不可缺的组成部分之外，妇女还可以通过家庭和抚养子女作出贡献。妇联认为，提高妇女素质有助于妇女追求其权益并实现性别平等（参见黄启璪，1993：17）。诚然，妇联沿着这些路径贯彻执行多种多样的政策。在更为传统的一端，还包括通过"五好家庭"活动及提供家庭管理和育儿方面的培训，持续促进和谐家庭的建设。

妇女运动努力通过选举或通过选拔推荐女干部担任官职来促进妇女成功获得政治职务，从而得以更直接地解决妇女权益和男女平等的问题。这既是因为国家在中国社会依然极其强大，也因为相较于市场，官方妇女运动仍更倾向于与国家建立更紧密的联系，所以，妇女参政问题近年来一直是妇女运动的主要优先议题之一。妇女运动之所以强烈关注这个议题，是因为改革开放之初妇女政治地位的严重削弱，由此决心通过妇女加入国家部门来扭转这一趋势。很多努力都聚焦于妇女在更高层面取得突破，以期有影响力的各级国家权力都能对妇女开放，各级妇联都进行了类似的努力，一直往下直到行政村一级。

促进妇女参政的工作不仅援引了妇女权益和性别平等的原则，而且也有赖于妇女有资格担任政治或公职的论点。各级妇联都开发了"人才库"，主要汇编了适合推荐去担任官职或在官阶中得到提拔的妇女。这样做的目标是尽快增加担任官职的妇女数量，这既包括处于入门级别的（着眼于未来），也有处于具有影响力岗位的(为了立即获得政治支持)。这些努力强调锁定并支持有资格担任这些职务的妇女,并制订计划使成功的妇女获得公众认可。这是竞赛的一个主要目的,是为了提高社会认知,即让社会认识到妇女担任领导职位是完全合格的。

为了提升妇女担任公职的资质,妇联也做出了很大努力。她们为那些有潜力的妇联干部和其他妇女提供短期职业发展的学习班。妇联为自己的工作人员组织了期限长短不等的各种培训。这些培训与妇女工作直接相关,或间接为其职业生涯做准备(如法律方面的培训),目前正在大力促进这种培训。妇联本身也提供职业发展与培养的机会,因为妇联的许多工作人员在离开妇联之后会被调往政府机关。她们在妇联工作的职业经历有助于为她们从事其他工作做好准备,因为妇联的大部分工作是一般性的 23 政治工作,这一经历使她们在实务工作中得以了解妇女运动及其观念。正如长期担任陵县妇联主席的一位妇女(她本人将被提拔到另一个高级岗位任职)所说的,在妇联历练过的妇女必须非常能干,因为她们被要求在几乎不具有任何资源的条件下做很多工作。此外,她们是在孤军奋战和外援有限的情况下开展工作的,特别是对于处于较低行政级别的妇女而言,这就要求她们拥有强大的内在资源。在提高妇女素质和开发人才的框架中,包括了妇女的工作经验,以及从工作经历中得到提高的有关妇女问题的意识。这些举措共同构筑了一项协调一致的战略,以提高已经或即将在妇联系统内外担任官职的妇女的内在素质。

对一般妇女进行倡导也采取了类似的策略。以下各章讨论的各种策略均试图以一种或多种特定方式提高妇女的内在素质。这是妇联高层领导经过深思熟虑而且明确表达的一个立场。这些妇女对于聚焦于改善外部因素的替代性国际方法熟稔于心,譬如得到广泛推行的为贫困妇女提供小额信贷的项目。尽管妇联确实尝试增加面向妇女的资金,譬如通过代表更大的借款方与银行讨价还价,并鼓励成功的女企业家向其他妇女提供小额贷款,但妇联并没有把这些措施作为重点。其原因之一在于妇联倾向于做一些更大的项目,并且在这些较大项目中更好地为妇女定位。另一个原因是,妇联决定立足于妇女组织寻求有组织的集体性的解决方案,而不是倾向于小额贷款那种个人导向或家庭导向的方法。但一个主要考虑是,偏向于将资金用于内在因素,主要是用于普通教育和技术教育。

这是从生产力发展的角度明确为妇女争取更有利的定位,当前生产力发展的主要驱动力毕竟是科学和技术。其论点是,妇女应在那些领域得到更多教育并掌握更多技能,也应鼓励妇女认识到科学和技术的重要性,并进而相应转变其个人和集体的优先目标。正如向农村妇女个体所表达的,她们的优先事项是实用技术培训;而对妇联干部及她们动员起来的妇女骨干来说,优先目标是要改变妇女运动的战略观点,以促进妇女成为一股科技力量,包括农业和其他农村生产的实用技术方面。

这些工作的目标是,妇联将获取稀缺资源为广大妇女提供各种知识,以便为后者提供自助和改变其生活的经济基础。这似乎被隐含地理解为,无论妇女运动在不断变动的外部环境中有可能取得怎样的成就,妇女都将持续需要出色的内在资源。在这里,素质的提升与另一项举措相关联,即培养所谓的"四自":自尊、自信、自立和自强。

进一步讲,妇女运动旨在利用促进和承认妇女的素质来提高妇女的社会与政治地位,换言之,要干预外部世界首先要改变内部世界。既然如此,其目标就是通过提高其对女性素质的认识来改变他人的内心世界。其主要论点是,提高妇女的素质将赢得对妇女的尊重,从而可以提高妇女的社会地位。这个命题可以在一般的理论背景下提出(白立君,1991:25),或者可以在实际工作中以更具体的表现形式出现,就像我在陵县遇到的情形。陵县妇联提出了同样的目标和实现目标的战略,不过这是以价值交换的语言来表述的。当妇女生产出更多的价值,她们就会获得更高的地位,这一价值是通过她们经济产品的价值来直接衡量的。这些衡量方法确实被用于"双学双比"活动,并以此为基础来评选竞赛中的胜出者以及更通常意义上的女模范。

妇女运动在这里回应了妇女处于不利地位的论点,因为妇女在外部世界发挥的经济作用较小,有的在经济上依赖男子,而男性对整个社会及其家庭在可衡量的交换价值上贡献更大。自20世纪50年代以来,尽管已发生了日新月异的变化,妇女在家庭之外工作的能见度和报酬提高了,但这种劣势仍是真实存在的。努力使妇女的贡献更引人注目,并增加妇女创造的价值,或许有助于解决造成性别差异的这一根本原因。然而跨文化的证据表明,经济依赖或妇女的劳动缺乏可见性以及无报酬确实不利于妇女的地位,但这未必说明妇女如果做出了更大的或更可见的贡献就能促成妇女解放。在这一点上,中国的妇女运动提出了承认妇女劳动贡献的问题,但在控制妇女劳动的产品或控制经济过程的其他方面等主题上依旧相对沉默。

尽管如此,有关妇女素质的大部分具体讨论和行动都与经济事务直接相关,尤其是因为提高农村妇女素质的实际工作主要涵盖努力提供经济上有用的教育和培训。聚焦于决定妇女地位的经济因素,这与马克思主义传统中长期形成的正统观念是吻合的。与先前几十年相比,在这点上,并没有将更多的重点放在增加女性参与外部领域的工作上,主要是因为大部分妇女业已进入到公共劳动力队伍。相反,她们将重点放在妇女劳动力的素质以及妇女参与市场经济的程度和特征上。

伴随农业劳动力的女性化,妇女劳动力的素质已成为农村的一个问题(见 Judd,1994)。当男人离开农业寻求更具吸引力的工作,中国的农业生产力就有赖于妇女的劳作。在全国范围内和在山东省,高达 65%的农业劳动是由妇女承担的。中国境内有人表示担忧,妇女传统上并不负责农业,她们可能无力从事这项工作,农业产量因而可能会下降(Davin,1998)。投资于提高妇女素质将使国家的农业大有裨益,妇女运动用这一论点来动员国家的支持,并主要通过"双学"活动来为妇女赢得国家资源。

妇女农业参与的日益提升是否对妇女有利是一个复杂的问题。在下面几页我将从若干角度予以探究。在中国国内和国际上,它都是当前辩论中的一个关键性因素。在中国妇女运动中颇具影响的一种观点认为,这对妇女来说是一个重要的新出发点,为妇女在农村经济中以及推而广之在农村社会中发挥重要作用提供了机会。从这个角度出发,它认为应支持妇女在农业中发挥作用,而且农业现代化过程中应增强妇女的能力。也有另一种观点认为,无酬且低地位的农业工作,对妇女来说远非称心如意,找到从农业和农村中脱身的出路对农村妇女来说才更具有解放性。① 不管从上述两种观点的哪一种观点出发,滞留农村的大多数妇女的未来都是一个主要的关切问题。

农村妇女在识字、教育和培训方面仍典型地处于劣势地位

---

① 这两种观点以及与这项研究直接相关的一些额外资料已被翻译并在朱爱岚 1999 年的论文中刊出。

（见第三章）。尽管最近几十年妇女获得教育的机会大为增加，但中国在教育基础设施方面仍远远落后于发展更快的那些亚洲国家（Mingat，1998），农村妇女获取教育的机会尤其受限。有些项目事实上旨在普及九年义务教育（即初中毕业）。尽管这些计划将产生重要的长期影响，但目前仍有相当数量的成年妇女，其中包括年轻的成年女性，她们所受的教育非常少。因此，妇女运动以扫盲和创收为目的的简易实用培训为出发点。到 20 世纪 90 年代中叶，愈加强调为已受过初中教育的那些妇女进行更持久的技术教育，但无论哪一种情况，这样做都是为了影响正处于经济生产活跃年龄的女性，她们以前缺乏接受教育和培训的机会。

在妇联的构想中，努力提高妇女素质的一个重要元素，就是将农村妇女组织起来参加扫盲、教育和培训以便系统化解决这个问题。与"开发妇女人才"这个用语相比，这一表述方式显得不那么积极，但前者适用于受过更多教育的妇女。妇联工作人员在互相交流中，在跟决策者或像我这样的局外人讲话时，会谈到和写到提高农村妇女素质，但她们在跟农村妇女谈话时并不使用这个说法。其基本命题是，农村妇女素质低下是一个亟待纠正的问题。她们在非正式或私人场合也明确讲到这点。如果用这些术语来要求农村妇女的话，既不会被人接受也无法行之有效。取而代之的是，给农村妇女提供教育机会并鼓励她们利用机会，以便立即获得增加收入的实用技能。这些几乎完全是经济论点，与早前旨在实现特定生产或基础设施目标而进行的动员运动大相径庭，这些论点压倒性地用现金收入的词汇来表达。

这与促进妇女参与新市场经济的目标紧密关联，两者保持一致且相互兼容。这在某种程度上可以认为是延续了通过使用女性劳动力追求国家发展的前现代实践而产生的当代变种。例如，

27

清朝全盛时期促进妇女从事纺织(曼素恩,1997)或在清末从事棉纺织生产(Walker,1993)。利用妇女的劳动力对国家发展可能颇具价值,并且对现代经济的崛起具有深远意义(Fox-Genovese & Genovese,1983),但是,这未必能减少妇女的不公平待遇。关于发展的当代话语确实倾向于假定,如果妇女涉足诸如"妇女参与发展"(women-in-development,简称 WID)或"社会性别与发展"(gender-and-development,简称 GAD)的项目,将是有益的,会促进妇女的进步,尽管这个假设尚未得到应有的深入细致的批判性检验(Walker,1993;Porter and Judd,2000)。

官方妇女运动正在进行的尝试实际上是"社会性别与发展"(GAD)在中国境内的一个变种。这种方法满怀希望,它揭示了妇女运动的展望,即假如妇女能充分参与到以市场为导向的发展中去,对妇女是大有益处的,或者至少有潜在益处。在当代中国的语境之下极为重视市场,它被认为是中国人民和国家实现繁荣昌盛的手段,妇女运动决定不能让妇女置身市场之外。在当下超级男性气质的市场活动领域,可能存在的性别排斥的风险触手可及(Rofel,1999:210)。这样一种排斥会使妇女在经济中处于结构性的不利处境。这种经济不仅仅是物质层面上的,而且也处于当前政治文化及其现代性话语的核心地位。因此,战略目标是要开拓一条发展道路,将妇女和妇女利益的提升与市场发展过程在本质上紧密联系起来。

市场中的素质

当我们从这个框架范围内来看,就能理解提高妇女素质这个倡议了。该视角既包括扫盲、教育、培训和市场活动方面努力的细节,也包括妇女个体和集体转变对以市场为导向战略的意识。妇女运动现在倡导妇女作为变革的原动力提升其自身的素质和适应力。[1]

这种转向远不止先前强调的经济生产上的微调以适应新的环境。妇女运动研究了政治经济转型的影响,并为妇女设计了相应的改革方案。对这种愿景的表述在中国官方妇女运动及非官方妇女运动中都广为流传(见李小江,1989),但这方面最好的表述兴许是德州妇联一个领导用当地话讲述的:

> 商品经济的发展以个体和分散的生产方式,开辟了大规模的、专业化生产的新领域,并为妇女打开了发挥才智的广阔领域。妇女根据自身的独特优势,可以有意识地选择适合自己的生产项目。那些会种植的就搞种植,会养殖的就搞养殖,会加工材料的就搞加工。每个人都各尽所能,各得其所。这将改变以前那种只在集体土地上被动地完成所分配工作的模式,并将使人们对自身的价值和自身的能力有更深的认识。劳动积极性将达到一个新高潮(杨玉娥,1988:5)。

在这个早期陈述中还保留了对生产的承诺,但它已被定格在完全不同的经济环境之下。这一环境直接导致这个作者有了她随后的观点:"改革的时代就是竞争的时代;商品经济的特点就是竞争。"(杨玉娥,1988:6)改革开放时代的这一特征为素质提供了一个决定性的新意义。素质成为使妇女能够独自或作为集体成

---

[1] 看起来西方和日本关于管理的观点可能已影响到当下中国妇女运动关于素质的观念,虽然我还没有能够追溯其传播的具体路径。自 20 世纪 80 年代以来,西方管理理念已得到了广泛传播。管理技能已纳入由妇联开展的工作人员培训项目之中。其可能影响的某些迹象可以在英语文献中找到(Fan,1998;Ng,1998;Jenner et al.,1998;Korabik,1993;Rofel,1999:202,263)。

员参与市场竞争的特性和能力。

市场是中国改革开放时代社会经济结构的最突出特征。中国仍是"社会主义"的,因为它的主要生产资料仍系公有。但可以说,中国社会主义的特征在于竞争的再现(Pei Xiaolin,1998:85)。① 这恰是当代中国妇女运动中呈现出来的构想。政府部门仍是最重要的,力促妇女参与竞争的活动在很大程度上都与政府部门和国家发展计划相关联。但是,随着劳动力的重新商品化,改革开放时代有关人的概念的核心就是基于市场的竞争。妇女运动已在很大程度上接受了这一概念并据此采取行动,重新商品化已出现在对妇女的性别化建构之中,它在当前倡导的是,要让妇女在市场经济中取得成功。

这并不意味着早先的自我修养概念——不管是儒家还是马列主义的——业已消失。在当前关于素质的综合性文献中两者都留下了清晰的痕迹,但它们都被归入到有关素质的商品化和竞争性憧憬之中,被当成个人和集体成就的新目标。在妇女运动内部努力改变其自身发展方向的构想中,这一愿景体现得最为强烈。不断重申和呼吁"每一级妇联不断改革不适应市场经济的思维模式和活动"(赵玉兰,1994a:II)。既然通过其官方的组织网络可以影响到广大妇女,那么,关键性的因素就是重塑妇女运动本身。针对普通农家妇女的资讯往往侧重于鼓励其参与活动并带来直接经济利益,不过要求活动的组织者转变观念。她们不再拒绝参与市场或将与市场相关的行为斥为资本主义的,或者仅仅坚持传统的动员方法。取而代之的是要拥抱市场,鼓励提高素

30

---

① 在中国的市场经济中,竞争的普遍性和强度是更大背景下的一个重要因素,参见Gates(1996)。

质。而且,要通过在市场竞争中取得直接的量化成功来衡量
素质。

素质的概念在这一点上出现了一个根本性的纰漏:"通过将
任何质的方面化约为数量,虚构的东西取代了智力活动,它对现
实的理解便更轻飘了。"(Barthes,1973:153)在以量化的交换价
值从内部构建素质的过程中,不再从根本上追问素质可能会是什
么或素质有何用处等不同构想。与此同时,市场提供了一个非常
有包容性的环境使量化变得自然化,并在它自身限定的框架之内
将关于素质的所有想法看作习以为常的(参见 Taussig,1992:
44 - 45)。

市场是 20 世纪 90 年代新举措起决定性作用的背景,以各种
方式促进竞争是其强有力的标志。这在"双学双比"活动中最为
凸显,但也出现在更宽泛并且截然不同的各种组织活动之中,这
些创举旨在承认并促进妇女在妇女运动内外取得成功(见第 6 章
和第 7 章)。这些活动背后的基本前提是,妇女(和男性)的价值
是可以在市场上进行量化评估的。这种方法的优点是使用一种
明确标准,后者在当代中国(和国际)社会都得到了高度评价。它
也获益于具有交换价值的神奇能力,即可以将性质不同的价值转
换为可比较的单位。在这方面采取的行动之一是比较妇女和男
性工作的价值。尽管妇女在经济中的工作处于相对劣势而且被
贬低,但这是采用经济学中公认的"社会性别盲视"机制来揭示女
性工作价值的策略之一。要做到这一点就需要增加妇女的参与
度,不仅仅是参加工作,而且要参与能明显带来现金收入的工作。

所有提倡的活动都不涉及男女之间的直接竞争。即使从广
泛的意义上说,每个人都在共同的市场上相互竞争,人们期望一 ³¹
个不断扩大的市场,以便妇女不直接与男子竞争就可以增加家庭

和社区的收入。由于两性的劳动分工和生产的产品有所不同,这一做法可谓行之有效,女性仍集中在不那么受青睐并且报酬较少的经济领域,如农业、小规模手工艺品生产和小买卖,她们在这些领域不会对男人构成挑战。

当竞赛如火如荼地组织起来之后,这便成为妇女之间的竞争。为了激励参与者取得成功,一般而言会奖赏最成功者,其中包括公众认可和适度奖励。公众认可不仅给予最为成功的个人和团体,也有可能针对整个竞赛及其所有参与者。采用一定的竞赛和嘉奖是使妇女获得认可的一种策略机制,能使妇女在更广泛的市场上更成功地进行竞争。有组织的竞赛与其说是活动,毋宁讲是市场竞争中宽泛的根本性主题,它是这些创举的重要出发点和基调。

即便人们接受了迈向市场的战略转变,并依其自身的地位和背景评估该战略,尽管仍努力宽泛地扩大奖赏和认可,但根据市场竞争对素质进行概念化仍遭遇了困难。这不单单是人们能力、成功和贡献不平衡的问题,因为即便在追求最极端平等的时候,比如在学习模范的运动中,这些差异在中国依然是得到承认并被广泛应用的。最显而易见的是,关于素质的概念具有竞争性,它凸显了差异并使分化合法化。对于妇女运动来说这颇成问题,因为该运动致力于改善所有妇女的生活,尤其是在市场中没有找到合适位置的那些妇女,如大多数农村妇女。

是否能够通过提高素质来促进妇女进步,或者它是否能够成为一个有效的发展战略,甚至这个问题本身就有待商榷。以下各章将从几个具体维度对这一问题进行深入探究。这里值得注意的是,当受过教育者已经过剩时,提高女性教育是否还具有经济价值,跨文化的研究已经对此有所保留(Bourque and Warren,

1987）。虽然可以轻而易举地提出中国需要更多教育和培训的观点，但中国也有失业和未充分就业人口的庞大后备军，许多人在各方面都是完全合格的。第七章中提到的一位杰出女企业家在评论这一策略时表示怀疑，她注意到中国并不缺乏合格人才。在这个方面，中国实际上揭示了一种更普遍的情形，即妇女人才济济但她们却轻易地被关于素质的流行话语掩盖。从竞争的角度来看，问题并不在于素质太少而是太多。正如沃勒斯坦（Wallerstein）在另一情境下所观察到的，"由于周围有太多的人才，某人必须决定谁是有本事的，谁是没有本事的。当人们之间的差异幅度很窄时要做出决定，这便是一个政治决定"（Wallerstein，1988:105）。这也是一个性别化的决定。

第三章　中国特色的社会性别与发展

　　提高农村妇女素质的策略嵌入了将妇女纳入当地经济发展主流的妇女运动方案之中,这即"双学双比"。该战略融合了自上而下动员妇女为国家经济发展作出贡献的倡议与自下而上改善农村妇女经济状况的要求。这个地方性创举及其部分融入经济发展计划主流是具有创新性的,但其可行性取决于国家方案赢得国家最高层支持的程度。提高妇女素质从而增加生产并加速经济增长率,一直是说服国家支持该方案及其倡议者即官方妇女运动的关键所在。

　　"双学"是作为一项国家方案出现的,但它起源于各种地方实验,包括 20 世纪 80 年代中叶在德州地区进行的一些试验。该方案在早期阶段也依据地方发展现状进行过重大调整。因此,这不仅仅是政策及其贯彻执行的问题,而且也体现在各个层面有组织的社会变革的纵向过程。尽管国家政策并未生成这项战略,但它在塑造地方创新并提供一个框架方面一直发挥着重要作用,因为妇女运动的策略是在这个框架之内得以制定、评估和修改的。

　　在本章中,我将简要勾勒该策略的根本经济原理,并回顾一些地区在此之前促进庭院经济的举措,庭院经济之后被纳入"双学"之中。本章随后将对国家战略、其核心要素及其从 1989 年初至 1995 年底的发展脉络做一个全面回顾(另见 Rai & Zhang,

1994）。以下各章将按主题检视这个项目各个方面在槐里村及其周边地区的特定环境下是如何开展的。

男工女耕

中国农村男女之间的传统分工，以前是用"男耕女织"这个习语来表述的。妇女过去是否真的像这一说法所暗示的处于农业劳动的边缘，是很值得怀疑的，但妇女现在已占农业劳动力的多数则是毫无疑问的。男人们正在离开艰苦繁重、不能赢利的农业劳动，进入到农村经济中回报更多的领域或者迁移到城市，将越来越多的农活留给妇女去做，不管从职业抑或地理方面来看，女性的流动性都较低。这引致人们改换了从前的描述，用"男工女耕"这一新术语标明男劳力的非农业转移。

根据一位重要的理论工作者孟宪范（1993，1995）的观点，这种趋势与妇女地位有关。这种新的性别劳动分工的出现为改善农村妇女的生活提供了令人鼓舞的前景。之所以如此是因为这使从前因为农村存在大量剩余劳动力而不能充分就业的妇女成了赚钱者。而且，与夫妻都在农业或任何其他家庭活动中共同劳动的情形相比，在这种明晰的性别化劳动分工中，妇女是独立的。妇女经营农作物，她们自己赚的钱可以明确与丈夫的收入区分开来。基于此，孟宪范赞同妇女更多地参与农业活动，即便（或许特别是）与之伴生的是男性转移到农村经济的其他领域或者转移到城市经济中去。孟宪范（1995）在后来的一篇理论性更强的论文中提到了经典马克思主义著作，并指出通过独立管理农业，妇女与生产资料之间的关系比在集体制下更为直接，在集体制下管理权掌控在男队长之手。她们因而成为自为和自主的劳动者。换句话说,作者对熟悉的马克思主义文本进行了颠覆性的重新诠释,认为妇女从一种父权制集体制的束缚中解脱出来,进入到小规模的市场体系,这对妇女来说是解放性的。

这种方法存在一些难点,特别是,它并未关注妇女获得土地等基本生产资料方面一直机会有限(Judd,1994;Croll,1994),以及它对市场的非批判性欣然接纳。然而,孟宪范的方法确实有效地解释了中国妇女在集体制下权利遭受剥夺,并对此提出了保留意见。普通农村妇女和官方妇女运动中都能发现对集体父权制的这种拒斥,这可能是两者对市场都有热情的一个更强大根由,而显然不是迫于遵循"中国特色社会主义市场经济"国家政策引领的压力。

农业部门的发展有赖于妇女的劳动已变得日益明显。由于男性迁徙和转入非农工作的比率并不均衡,不同地区存在一些差异。但据估计,到20世纪90年代,就全国总体而言,妇女占农业劳动力的60%—70%是普遍现象,山东省亦如此。从全国范围来看,1995年,妇女估计占中国农业劳动力的三分之二(韩宝珍,1995:51),这个数字相当于2.1亿妇女。妇联据此认为中国的农业发展有赖于有效利用妇女的潜力。

妇联进一步提出,如果农业要实现现代化并适应愈发以市场为取向的经济,则必须为妇女提供必要的教育和技能以促成这一转型。最初的重点放在扫盲上,扫盲一直是该战略的组成部分,因为扫盲不仅本身很重要,也是出于经济上的原因。但是,这一战略中教育和培训的目的与农村经济发展更直接相关。即便在包括了成年人基础教育的地方,也总是有实用的或更系统化技术培训的内容。政府为农业部门提供的资金很少,而且因为政府精简导致农业推广服务的减少,这都使为妇女提供这种培训的需求更加迫切。① 有一项研究指出,尽管几乎所有被调查者都强烈要求培训,但被调查的农村妇女中只有 13.6% 接受过政府或非政府举办的正规农业培训。该报告还指出,有 70.9% 的妇女将缺乏培训归因于没有机会。这项研究发现,之所以造成这一结果既因为提供的培训机会有限,也在于实践中普遍存在男性优先获取培训机会的做法(转引自何宇鹏,1995:110)。

在中国可耕地的供应不断缩减的情况下,增加农业生产的少数现有途径之一是采用改良的农业技术(Smil,1995)。要获得农业中任何技术改良带来的益处,必须重视农村妇女作为人的重要性,这为妇联提出国家应为农村妇女的培训和技术支持进行投资提供了基础。这便是"双学"战略以及妇联向国家申请落实资源的直截了当理由。

妇联并未对性别化的劳动分工提出挑战。正是这种劳动分工使妇女处于目前这个位置。实际上,假如她们的确提出了挑战,她们也不大可能影响导致这种情况出现的宏观经济趋势。无论如何,妇联并不反对性别化的劳动分工,相反,她们的战略重点放在改善妇女占主体的那些部门的妇女状况。"双学"活动最为明显的是试图通过培训为从事农业工作的妇女实现这一目标,而不太明显但也许更重要的,是通过改善农村妇女获得经济和政治资源的机会来实现这一目标。

庭院经济

全国妇联于 1989 年 1 月正式在全国启动了"双学"活动。但

---

① 关于改革开放时代缺乏推广服务及其缩减的一些详情,参见韩宝珍(1995:53－54)。

它实际上在一些地方早已开始。此前,妇联已经采取一些举措,致力于促进妇女参与农村经济发展。从概念上讲更为有趣的先例之一便是被命名为"庭院经济"的创新活动。山东早就采纳了这项活动,它也是槐里村的一项重要工作。作为一种早期方法,庭院经济活动在全国范围也具有重要意义。它后来被纳入"双学"战略中,并始终是其中的一个组成部分。

37　　　庭院生产延续下来,并取代了先前众所周知的"副业"。在集体化时代,虽然大部分土地都是集体耕种的,但每个人通常有0.1亩(1亩等于1/6英亩)的小块自留地,农家院落内的一小块地也可以用于家庭自己的生产。典型的做法是在自留地里种植蔬菜,在院子里饲养猪和家禽等。这两类产品按照国家的规定可供家庭消费或出售。只要不雇用任何外来劳力而仅靠家庭成员的劳动来生产即可,有时也会在户内进行手工艺品生产。但在集体化时代,这种机会很有限。尽管有这些限制,副业生产,特别是庭院养猪,成为农家现金收入的一个主要来源。

　　副业生产主要是妇女的领地,集体化之前以家庭为本的生产形式大抵如此。这样的工作与要求妇女付出时间的其他家务活动很容易兼容,并且毫不违反"女主内、男主外"的文化规范。集体化将妇女吸纳到公共劳动力队伍中,但其参与较不充分,并且条件和待遇也不如男性。妇女能够通过其在家庭中的贡献来弥补这种边缘化,并且事实上也的确如此。她们在家里不仅提供无偿的育儿和家务劳动,而且还为家庭收入作出了大量显著的贡献(见 Wolf,1985:104 - 106)。在改革开放时期,随着对生产和商业的限制迅速解除,以前的副业在农村经济中变得更加重要,而妇女仍处于副业生产的中心。

　　庭院经济的概念最简单地说是指在庭院围墙的内部空间进

行的以家庭为本的经济活动。这样的现象在中国农村普遍存在。尽管在农村改革开放初期,私下里雇用劳力已变得合法了,但庭院生产的特征仍是使用农户自身劳力的一种生产形式。这可能是高度合理而且高效优化稀缺的土地资源和剩余劳动力的一种办法。到1993年,全国人均可耕地仅有1.82亩。尽管一个农户的所有成员都可能参与其中,并且人人都从庭院经济中获利和受益,只要男人拥有获得院墙之外各种经济选择的特权,庭院经济就仍然主要是妇女的领域。所以,将妇女置于庭院生产核心的动力与将妇女置于改革开放时代农业生产中心的动因颇为类似,只不过庭院经济变得更加多样化而且更有利可图了。

在改革开放时代,庭院经济有两个主要的关注焦点。一些人狭隘地强调经济因素,将注意力集中在庭院经济具有可以有效利用资源并为农家带来高的收入增长率的潜力上。这些文献没有关注家庭内部的社会关系或劳动力分配,也没有提及性别。这一方法在与经济学和农业经济有关的期刊上表现得很明显,并且可能代表了决策者的一种共识。[1] 一些人强调妇女在庭院经济中的作用,从妇女在该领域的现有优势出发,讨论了增强妇女在庭院经济中的活动并提升收入水平的策略,尤其是对贫困农家的妇女来说,发展庭院经济似乎是一个可行的经济选择,只需要不大的投入即可。这类文献主要出现在妇联一般性的和内部的出版物中,并且主要面向农村的实际工作。[2] "双学"战略的一个核心原则恰好就是将诸如此类的方法汇总,这些方法被视为可以兼容的,但一直未能整合在一起。就庭院经济而言,这两种方法有一

---

[1] 参见这一领域学术文摘之类的期刊,如《农业经济》《中国农村经济》《农业经济问题》。
[2] 特别要参见山东省妇联的内部出版物——《妇女工作》。

个共同的承诺,即从早先的副业生产模式转变为更大规模的、现代的商品化的生产形式。它们可能仍然以庭院为基础,并依然有可能完全或主要依赖家庭劳力,但这将使农户融入市场经济的主流之中。家庭企业的蓬勃发展及其对家庭和社会经济增长的贡献,已见证了这一做法的成果。这个部门的增长对妇女而言是相对积极的,因为妇女在庭院经济中通常比男性处于更强势的位置。这也因为妇女在自己的家庭企业中比在外部领域(包括集体企业)中处于更强大的位置。①

39　　其结果是,庭院经济的增长如雨后春笋。它发生在妇女处于相对优势的一个领域,她们自己也这么认为,甚至较贫穷的农村妇女也没有被禁止独立进入该领域(见 Judd,1994)。一项战略若有利于该部门的增长,该战略就应该使妇女得到惠益,并在此条件下可以实现经济增长。具体而言,要使妇女可以基本上控制生产过程,给妇女创造赚取现金收入的机会,这在很大程度上是因为庭院经济位于妇女自己的家中。正是这种潜能,使我在20世纪80年代就开始注意地方组织者了,这也有助于妇联继续将庭院经济纳入其"双学"活动的政策之中。

---

① 槐里村妇女并不热衷于乡村工业或者一起加入户外的大规模企业。她们认为这些不可避免是男性主导的,不像在家庭企业中,她们自己能够取得更大的自主性。我自己的观察证实了这一点,即男性在乡村工业的管理中处于主导地位,即便在妇女已经成为主要劳动力的地方,如纺织业。我对山东和其他地方的观察也证实,妇女可以在家庭企业中发挥主导作用,特别是当企业规模不是非常大的时候。当企业变大后,丈夫可能在管理方面,特别是供应与销售的外部关系中,发挥了更大的作用。妇联工作人员的评论也表明她们一直对大规模组织手工艺品生产持怀疑态度,即便是通过妇联渠道。因为这些易受高产额低工资的出口公司不合理要求的伤害。合作企业能否提供一种有效的替代方法,对此我不便置评,但这一选择在山东省的这些领域似乎并不存在。

"双学"：早期构想

1989 年当宣布在全国启动"双学"活动时，类似的活动至少在中国某些地区已经开展数年了。早期活动开展得最广泛的地区显然是更加农业化的地区，因为早期重点主要放在农业上，山东省"双学"活动的主要积极分子指出，"双学"活动似乎更适合较贫困地区。这与我自己田野调查的结果是吻合的。田野资料表明德州（后来成为地级市）相对贫困地区活动开展得最早，活动水平也最高。该地区妇联于 1984 年就开始推广庭院经济，自那时以来，德州一直是庭院经济和"双学"活动中最为活跃的行政地区之一。[1] 诸如此类的早期举措提供了务实的实践者，这为后来在全国开展项目奠定了基础。

但正如相关文件中正式提出的，"双学"战略是应用于农村妇女的全国经济发展政策的一个产物。对此更好的解读是，这个官方话语使该战略合法化，而不是对其进行解释。但国家领导层已阐释了地方举措，允许其融入国家农村发展计划和实践的主流（参见黄启璪，1992；杨衍银，1991）。实际上，我对国家层面"双学"文件的解读是，这一层面的主要目的之一是影响国家经济政策，从而为地方的举措敞开大门。

该论点的关键要素是，妇女的工作对于农村经济发展必不可少，妇联可以发挥作用，调动和提升妇女的经济潜力以实现该目标。这与当前改革政策利用国家政策促进以增长为导向的市场经济可谓无缝衔接。同时，它为妇联配置了一个角色，尽管妇联

---

① 德州作为一个典型或者先进单位被反复提及。

是组织妇女的唯一合法手段,但从历史上看它在政治方面非常薄弱,与经济政策很大程度上也不相干。"双学"战略促进国家将妇女组织起来作出经济贡献,从而为中国妇女运动强化了唯一可用的政治手段。

紧接着的一个问题准确地说就是,妇联必须提供什么? 以及它打算如何为促进经济发展和妇女解放的既定双重目标作出贡献? 其关键要素是这样一个命题,即要解决的主要问题是妇女整体素质低下。[①]"双学"活动提议通过综合性措施提高妇女的整体素质。这包括通识教育、政治教育以及科技培训。妇联将为实现这一计划提供组织工具、工作人员以及开展项目。

在与"双学"运动相关的一些文章中,对素质的概念进行了广泛的解释。"双学"中的第一个,即学文化,显然旨在为妇女提供所谓的成人基础教育,以便为妇女提供改善她们生活的工具。这部分内容包括了政治教育,尽管这对于大多数农村妇女而言看似无关紧要,但要使妇女做好准备在村庄政治生活中发挥更大作用,这可能是有用的。这是当前的另一个目标。[②] 然而,从政治领导层的观点看来,政治学习是任何人类发展计划的一个关键性组成部分,是不可以被遗漏的。在"双学"中,没有强调过先前狭隘意义上学习马克思列宁主义领袖著作的政治教育。"双学"传递的关键性思想内容是市场导向的经济活动的价值观。"双学"

41

---

① 虽然较旧的术语不再用了,关于素质的当下话语作为主要元素让人不由得想起在毛泽东《矛盾论》中发现的辩证法的变种(毛泽东,1977)。根据这一观点,领导层的任务是确定主要的矛盾所在,并通过反转那个矛盾的措辞来引领一套社会关系的转变。这是允许有组织的行动策略性地聚焦于一个社会领域中某些问题的一个过程。这个社会领域将有潜能撬动根本性转变。

② 政治学习本质上必须完全由国家管理的项目来提供,不管它是不是位于一个特定项目之目标的中心。这在"双学"活动中一直并不凸显,至少因为"双学"是针对一般农村妇女的。这是第5章要讨论的干部发展计划的一个必要组成部分。

的一般教育部分还包括与特定运动相关的元素,譬如普及法律知识的普法运动。1992 年颁布《妇女权益保障法》之后,就在全国范围内努力传播关于该法律的信息,并且同期还普及了其他一些法律知识。

在实施中,"双学"的第一项学习主要是指扫盲教育,在"双学"最初几年中特别强调这一点。这与早先开展并持续的国家扫盲计划是吻合的,与国际上实施的《提高妇女地位内罗毕前瞻性战略》(见中华人民共和国,1994)也相一致。扫盲教育及相关计划旨在根据每个地方的实际情况在各种不同层面开展。以山东为例,在"双学"之初,农村妇女的受教育程度估计为:5％为高中毕业,33.6％初中毕业,50.3％小学毕业,10％系文盲或半文盲。只有大约 10％的妇女被认为曾接受过专业人士提供的某种技术教育(山东省妇联,1989)。普通教育部分对文盲和半文盲妇女最为重要,因为项目几乎完全由扫盲教育构成,并未使妇女接受进一步的成人教育。说实在的,即便是扫盲目标也是遥不可及的。在村和乡开展工作的积极分子发现,很难说服文盲妇女参加扫盲教育,后者通常是村里最贫穷、劳作最辛苦者。尽管扫盲教育的重要性在各地不尽相同并随着时间的推移而弱化,但它仍是"双学"的一部分。

"双学"的实际重点一直放在各个方面的科技培训上,即学技术。在早期的"双学"活动中,这通常指的是实用技术,即那些简单、易教、易学并可以很快带来收入的技术。例如,项目可以提供短则为期半天的选种指导。这一培训瞄准文盲和半文盲妇女,比较理想的是与扫盲培训相结合。尽管还没有什么好办法来解决这些妇女面临的时间受限的问题,但是可以用创收的前景来吸引妇女参与扫盲和实用技术培训。这意味着实用技术培训的这部

42

分比扫盲教育可以传递得更为广泛。

如果不是更早的话，至少到 1991 年，"双学"就将其教育计划分为三个层次。其中，第一层次是扫盲和实用技术培训，这是早先的优先目标。第二层的目标对象是识字的并受过一定程度教育的妇女，为她们提供特定领域更持续性的培训。它特别意在吸收从事某种专业化生产的农村妇女，以及专业户中的关键性人物。① 尽管面临着一个实际问题，就是对培训的多样性要求，但首选的安排仍是在每个妇女业已劳作的领域提供培训。第三个层次针对的是受过较高程度教育的农村妇女，最好是高中毕业的，但也包括初中毕业生。鼓励这些妇女参加函授和广播学校的课程，从而接受更系统化和更全面的培训。也鼓励第二和第三层级的妇女通过获得"农民技术员"的资格证书或某种其他形式的正式称号，以赢得对其技术技能的正式认可。地方妇联干部的部分工作是招募妇女参加认证和培训。获得各种称号的妇女数量成为衡量"双学"成功与否的标准之一，其他标准还包括扫盲人数和参加培训班的人数（见杨衍银，1991）。甚至在 1989 年之前，在妇联的倡议下，所有这些级别的培训和相关工作在某种程度上都已经开展（山东省妇联，1989），但在"双学"活动期间，活动的强度有所增加，并且技术培训越来越系统化了。

除学习外，"双学"最显著强调的要素是竞争。顾名思义，"双比"是指"比成绩"和"比贡献"。在当代中国的语境下，将这两个比赛联系起来，不啻是一个明确的声明，即要求女性取得经济上的成功并分享其成功的果实。讨论得最多的分享形式是，更成功

---

① "专业户"是符合不断变化的官方定义的那些农户。这些户专攻某个特别类型的企业并在经济上获得成功。实际上，这些是新兴市场经济中最为成功的家庭。

的妇女帮助较贫穷的妇女,通常是通过将成功的女模范与贫穷妇女进行有组织的配对,或通过有组织地分享专门知识来帮助贫穷妇女。当地妇联干部和村妇女主任是更正式分享活动的组织者。通过这一角色,妇女组织和"双学"赢得了社会名声。也可以采取缴税的形式展示有组织的贡献,这是改革开放时代中国农村的一个长期难题。

为较贫穷的个人、家庭或村庄提供援助并不是一个新特色,但为实现它而把焦点放在竞争上,这一机制却是崭新的。从表面上看,这延续了先前授予个人和团体诸如"三八红旗手"或"先进单位"等头衔的做法。"双学"大量借鉴了树立典型以供普通人效仿的长久实践。这种实践根植于儒家关于人类可教化的观念。自延安时期以来,这已被中国共产党大力采纳,作为其所有政治运动的核心。

在"双学"中挑选出来的典型被期望在官方运动中充当人们熟知的作为模范的社会角色。在中国实施任何倡议活动,大多通过榜样作为示例,这已经成为一个标准做法。这个过程一开始是概述一个一般性政策,将它具体运用于各种不同条件下,在这些具体情境下寻找成功的案例,然后将那些成功者树立为典型并在 ⁴⁴更大的范围内推广仿效。这一标准的动员方法旨在避免无差别政策的"一刀切"执行(尽管这种情况仍会发生),并将稀有的组织资源有效集中在少数几个点上。典型一经创造出来,便可用有限的组织资源,带动更多人。自 20 世纪 40 年代以来,这种方法一直被广泛采用,以至于每个人都对之耳熟能详。"双学"明确将选拔典型放置在鼓励市场导向竞争的改革开放时代背景之下。素质、竞争及市场力量与平等、合作及计划经济的社会主义价值观融为一体。①

自 1989 年首次宣布开展"双学"活动以来,它就提出每年都将表彰各级"双学"活动中最为成功的个人和集体。这些表彰通常在纪念 3 月 8 日国际妇女节的公开会议上进行。国家级的标准是表彰一百名妇女个人和三十个集体。其他级别(省、地和县)的表彰也有类似的数目,奖励的声誉与行政级别相对应。尽管有可能给予少量的奖品,但奖励主要是公众认可和间接的物质利益。获奖者相应地有义务支持"双学"活动和妇联的工作,比如通过提供资金和专门知识帮助其他妇女,在她们自己家里举行培训现场会以及参加公众宣传活动。

在"双学"活动中,鼓励妇女通过市场竞争获得成功而成为典型。较之早先运动中促进服务和自我牺牲的目标,"双学"呼吁妇女在个人或家庭基础上努力进取。在竞争中脱颖而出的企业成功人士是"双学"模范的标志。这也适用于村级妇女主任,这些妇女不属于妇联的工作人员,但她们有责任在村一级开展工作。过去,号召村干部的收入不能高于其邻里,也不以权谋私。那些富裕的村干部会被怀疑剥削他人或存在腐败。对妇女主任的新要求是,通过成功的创业活动而带头致富。当然,也期望她们避免腐败,并花一些时间帮助村里其他妇女致富,但她们首先自己要致富。同样的期待也传递给所有农村妇女,这与改革开放时代的成功目标是相一致的,其目的是提升经济活动和收入的整体水平。

这个策略与允许某些人先富起来的改革开放时代政策完全

45

---

① 比较一下"竞争可以说是现代资本主义社会主要的社会互动模式"(Erlmann,
1992:701)和"竞赛活动培训了大量女性人才并促进了妇女的解放运动"(吴爱英,
1991:8)。

吻合，以便先富带动后富，实现共同富裕。诸如此类的运动提议将那些成功的妇女组织起来，使其成为农村"共同富裕"战略的一部分，这实际上是对这些妇女施压。但是，建议的这一路径与早期的方法有所不同，因为它意在强调妇女首先作为个体、作为企业家而取得成功。国家机构已不再仅仅支持经济平均主义的群体方法，转而支持它从前斥之为资本主义的那些方法。

为了促进农村妇女的这一转向，妇联正努力确保当农村经济朝着截然不同的路线转变时，妇女在维持生计或服务性的工作中不会被抛下。将妇女置于当前发展实践的核心，是典型的性别与发展战略的目标，这就要求农村妇女接受并擅长以市场为导向的经济活动。竞争在"双学"中被颂扬为经济活动新形式所固有的必要条件，而且是动摇村落经济并使之朝向市场过渡的一种实用手段。妇女应在其中充分发挥作用，并通过将她们树为榜样，使其成功得到国家的公开认可。这些典型的重要意义不仅在于她们各自所取得的成就，而且也是对当下优先关注目标的一种明确表态。

"双学"最为显著的元素就是学习和竞争。妇联对于所完成的工作提出的最直接要求也是这两点，但它们并非最有趣或最具创新性的部分。在（通过培训）提高素质的基础上，（通过竞争）增加成功的机会，以及（通过树立模范）借助妇联自身以相对传统的方式提供的大众认可，妇联要求关键性的经济发展部委投入资源，将妇女纳入从全国到地方每一级的经济发展计划、项目和资源分配的主流。实现这一目标的组织载体是新成立的"双学双比协调小组"。

全国协调小组的成立是"双学"中最早采取的步骤之一。它由中华全国妇女联合会主席陈慕华领导，包括国务院和十一个国家部委(如农业部、林业部和商务部)及其他国家级单位(如中国农业银行)的高级代表组成。在各级都按照这个标准结构建立起协调小组,直到县级。在县一级,该小组由妇联主席和党政同一行政级别的一个领导共同担任主席,小组的其余成员则由参与"双学"的十多个政府部门或平级组织的核心领导成员构成(参见叶琳,1989;吴爱英,1991)。妇联更倾向于由每个单位掌握实权的领导人组成小组成员,通常是分管最接近"双学"事务的党支部书记,这人特别适合担任协调小组的联合主席。如果能成功地招徕这些人,尤其是联合主席给予有效的支持,那么,"双学"将获得强大的国家机构及其资源的支持。在中国国家组织的等级制背景之下,获得每一级国家主要领导人物的积极支持都是获得有效支持的关键所在,无论是组织上的支持抑或政策上的支持都如此,获得并维持这种支持是妇联的许多组织工作的焦点目标。虽然协调小组的日常管理由妇联负责,但是建立协调小组的关键就在于要超越妇联的边界和局限性。

协调小组对于"双学"的重要性怎么说都不过分。实际上,"双学"作为一项全国性活动是由国家级协调小组而不是由妇联自己宣布的(叶琳,1989)。国务院、所有相关部委及其他单位都承诺致力于促进其成功。在山东,"双学"的第一年主要致力于在全省组织各级协调小组、制订计划并招收妇女参加第二年展开的工作(吴爱英,1991)。

在落实"双学"或任何其他活动时,每个地方妇联都需要争取到同级国家机构的支持。这部分涉及中国国家的组织的问题,这保证每一级的领导机构(主要是党委,还有政府)掌握重要权力,并使每一级的国家机构都从属于那个领导机构。以妇联为例,这意味着妇联要接受上级妇联的业务指导,但同时妇联还要接受地方党委和政府的政治领导、财政支持和日常工作指导。

此外,妇联作为一个群众组织而不是政府部门处于次要地位。妇联的工作不被认为是国家更重要的工作(如经济发展和政治控制)的核心。妇联人员不足、经费匮乏,别说执行像"双学"这样的重大举措,即使开展日常工作都捉襟见肘。协调小组从某种程度上讲是从国家每一级部门获得资金和物质支持以及其他重要资源的一个渠道(见吴爱英,1991:10)。

为了有效组织"双学"的培训,妇联主张采取系统化措施,提供包括场地、师资、经费、教材和计划在内的基础设施。场地需求包括一个涉及四个层面的组织,即在村一级设立一间"妇女之家",在乡镇一级为妇女开设农村技术学校,在地县级设立科学与技术培训中心(参见山东省妇联宣传部,1989:14)。妇女之家提供一个多用途的组织场所,而所有四级的设施要是空闲的话,都可以用作培训班的场地。所有这些空间通常通过协调小组由地方政府提供。

提供师资最常见的方法是通过参加"双学"活动协调小组的有关部门的技术与推广人员来提供。地方政府也可能会聘请专门的老师来执行特定的培训任务,而资深的城市专业人员通常会发现这些短期的农村培训合同有利可图。妇联本身并不提供经验丰富的培训者。它们的作用是从国家其他部门寻找培训者,并动员妇女参加培训项目。这些项目可能是为了满足"双学"目标而由妇联专门设计的,它们瞄准妇女,但也不排斥男性参加。

有效开展"双学"活动可能还需要资金和物资支持,以便给农村妇女提供机会获得金钱或物质投入。其中一些可以通过国家渠道来安排,国家在某种程度上控制了诸如化肥等一些稀缺资源,而另一些则需要获得信贷在自由市场上购买。这些有关资源

48

的问题,有时与培训和市场信息结合在一起,成为定期发布的"双学"报告"服务"部分所关注的一个中心问题。妇联在"双学"中的一个主要作用是利用协调小组解决资源问题,并满足妇女对资本、物资、知识和市场信息的实际需求,从而使妇女们能更好地利用自己在培训中获得的知识在市场经济中取得成功。"双学"是支持妇女和农户参与市场活动的一种主要策略,而不是直接经营企业。但也号召妇联去组织一些"实体",以便为妇联和"双学"活动筹措资金。

要使"双学"的培训项目有效发挥作用,也要求培训和这种整合性的基础设施成为国家经济发展计划的一部分。尽管"双学"是市场导向的,但这个策略本身旨在使国家资源向妇女倾斜。国家资源是按计划分配的,"双学"则是一种机制,妇联据此可以要求国家正式通过国家计划和临时性安排为妇女分配资源。

"双学"的进一步发展

"双学"活动成为不间断内部评估和公开报道的对象。检视这些报告可以发现,在对当地"双学"工作密切监测的基础上,"双学"的策略也在不断调整变化。① 到 1991 年,全国妇联和山东省妇联"双学"活动的主要代言人都公开呼吁深化"双学"活动(参见

① 我获取的这些报告主要来源于以下杂志刊出的资料,其中包括《妇女组织与活动》《妇女工作》《妇女研究论丛》,偶尔也有其他中文出版物。我在山东也获允阅读或获得一些地方报告。这些报告中最重要的都在文本中得到引用,但文本中也有许多其他材料。

杨衍银,1991;吴爱英,1991)。① 在"双学"活动的早期,这些人就一直坚持提出,"双学"可以有助于农业发展、农村稳定和整体人类发展(即"精神文明"),并有助于促进妇女的解放。要实现这些目标,就需要提高妇女的整体素质(通过扫盲与技术教育以及政治与法律教育),并将妇女更充分地纳入农村经济发展。这一论点用经典马克思主义术语将经济发展与妇女问题联系起来,并且也愿意接受近期以市场为导向的修正,因此,这种论点能够赢得后社会主义国家最高层的支持。这种在意识形态基础上进行的创新是深谋远虑的,它从组织上增强了妇女的实力,当然首先是在经济方面。

它的出发点之一是拓展"双学"经济活动的范围,超越"双学"活动早年仅以谷物和棉花为重点的做法。② 从一开始,"双学"就被赋予了宽泛的任务,因此它的出发点可能显得不太激进。尽管如此,它还是呈现一个明显而持续的转向,即重点放在使妇女参与到私营经济中技能更高、利润更高的领域。在这种背景下,庭院经济显得很重要,但迄今为止,它的指标已不再主要是有效利用庭院空间和家庭劳动,而是指家庭企业的一个综合性术语。这是农村生产、商业和服务部门快速增长的一个维度。此外还强调为出口而设计的手工艺品生产,这是农村经济的另一个主要增长领域。"双学"中的所有生产都变得越来越专业化,更强调系统化的技术教育,有别于以前把重点放在简单的创收和扫盲上。"双

50

---

① 其他省份和地方层面也有可能出现这种情形,但我仅对山东省从纵面追踪了"双学"活动的各个层面。

② 全国性"双学"活动启动两年后,在城市妇女中采用了一种类似的以竞争为本的策略,即"巾帼建功"活动。始于 1991 年,这两项活动通常一起讨论,后者超出了本研究的范围。请参阅本书第 52 页注释中引用的杂志。

学"不再是一个五年计划,而是一项长期、综合性并具有深远影响的计划。为了实现这一点,领军人物提出了一套调整计划,旨在使"双学"活动自上而下更有效地开展下去。这些调整包括领导力、目标管理和服务三个方面。

在领导力方面,关键性问题在于:加强协调小组并建立"岗位目标责任制",即为"双学"活动制定一个清晰的管理责任制体系;将"双学"纳入主流发展计划并增强领导层对"双学"的支持;进一步为"双学"制定一套政策和系统化的支持。

"双比"中正式目标的管理被视为一种主要机制,通过它可以为"双学"提供有效的指导。可以设定适应当地情况的特定目标,但这些目标也要与上级行政部门确定的目标保持一致。目标被正式记录在案,往下直到村一级和个人,每一级别都要实现这些目标,以确保"双学"倡议能够得到切实执行。这一活动的公开竞争方面有待加强,以作为激励参与的一个手段。

"双学"的组织基础是为参与该活动的农村妇女提供服务。到 1991 年,山东省报告称,在全省共有 5.4 万个不同类型的服务点(吴爱英,1991:11)。这里的关键性问题在于,妇联工作和"双学"活动的运作都不是纯粹靠行政命令或坐在办公室就能完成的,而是要提供具体而实用的服务,以便在短期内取得明显的经济成果。此类服务可以是全面介绍一个新项目,也可以包括提供生产前(如市场信息或信贷)、生产过程中(如技术培训和物资的协助)以及生产后阶段(如营销)的帮助。其目标是建立一个综合性的服务供给体系,以便使妇女能够在经济上取得进步。这将使妇联以务实、具体和可见的方式回应农村妇女的需求,同时妇联也可以声称自己正在帮助国家实现其农村生产目标。

最初，"双学"作为一个五年计划被提出，从 1989 年初开始运行到 1993 年底结束。在这一期行将结束时对这个项目进行了终期评估，可以看出在它进入第二阶段时进行了一些调整。总体而言，这些变化与早期趋势一致，即在更高水平上进行了更系统化的培训，并进入农村经济中更先进、回报更丰厚的领域。该计划的表述上也出现了一些变化，与 20 世纪 90 年代初的强硬路线相比，它较少强调政治目标，而更多地强调在中国"社会主义市场经济"中进一步提高妇女地位。山东省妇女联合会领导层的一则声明就提到，"各级妇联应不断改变不适合市场经济发展的一切思想和行动"（赵玉兰，1994a：11；另见赵玉兰，1994b，1994c 和晓闻，1995）。

对工作重点的这一调整与 1992 年邓小平南方谈话之后重申经济改革的全国举措相一致。这也可以归因于妇联有义务在任何时点上认可并正式进行自我调适以适应党的当前政策。在看到这点的同时，还应当指出，20 世纪 90 年代没有任何政策转变从根本上影响到了"双学"的方向。作为在中国改革开放时代混合经济中意欲提高妇女地位的一种策略，"双学"既有国家又有市场的参与。

在近年的"双学"中，一个更加市场导向的元素是大力提倡采用一种企业"实体"。这允许国家机关从事有利可图的经济活动。妇联提倡充分利用这一机遇，它强烈建议各级工作人员创办可盈利的企业，从而将赚取的利润用来为妇联的各项花费提供资金。这样的实体可能完全是为了创收，例如把妇联办公大楼里的店面出租，或者可能采取既创收又提供像儿童照料之类有用服务的最佳形式。在后一种情况下，企业将直接为当地妇女提供服务，从 *52* 而有助于实现妇联的主要目标之一，也可以补贴妇联的其他服务或活动,如"双学"活动。尤其是因为妇联资金的极度短缺,使得妇联工作人员承受着相当大的压力建立这样的实体并要使其在短期内就盈利。

除了加大转向市场,"双学"行进的方向与以前一致。提高妇女的整体素质仍是该策略的关键(陈慕华,见晓闻的引用,1995:36)。尽管仍包括政治教育和普通教育,但重点越来越放在更高水平的科技培训上。[1] 1994年以来,山东省对竞赛部分进行了修改,并更名为"争当女科技状元"的竞赛。[2] 这从本质上讲与以前的竞赛相同,但对科技的要求明显更高。事实上,伴随"双学"的开展,所有教育和培训的目标都已逐步拔高。唯一进行扫盲教育的地方是特别贫困和处境不利的地区,这些地区的行进步伐有所不同。

除继续开展扫盲和减贫工作的地方外,新的"双学"工作的重点是选择策略要点,以便在经济上取得突破性成功。[3] 这需要瞄准接受过最好教育和科技培训的妇女(使之成为"状元")。这需要在妇女已确立了优势的领域(谷物、棉花和庭院经济)开展工作。而且,首先要在经济实力最强的县市推进,那是最容易取得初步成功的地区(赵玉兰,1994c:5;山东省妇联,1993:11)。妇联越来越倾向于将"双学"定在农村经济发展最快的地区。

---

[1] 中文资料中通常使用的这个术语可直译为"科学与技术"培训。这传递了将"双学"置于科学与技术发展的总体背景之下的意图,但所提供的培训是技术性和应用性的。为了简便起见,我一般使用更为简短的技术培训这个术语。

[2] 这里被译为"状元"的这个术语实际上是授予科举考试中获得头名的男子的头衔。这是帝制中国最具竞争性的学术背景下用于顶尖学者的一个传统术语。妇女完全被排除在科举制度之外。

[3] 关于"双学"第二阶段早期的官方观点,参见中华人民共和国(1994)和国务院(1995)。

　　培训的中心问题是发展一支农村妇女的核心队伍,这些妇女接受过中学教育和一些系统化的科技培训。这一举措超越了培养和选拔个人模范,这是为农村地区传播科技知识建立一个有组织的基础。这样一支核心队伍将扩展妇联的能力,因为妇联本身的组织力量有限且缺乏技术资源,传播科技知识要靠农村妇女自己来实现。对农村妇女进行培训并使其有能力有效参与到农村发展的现代部门中去,其中一些妇女要做好准备去系统帮助受过较少教育和培训的其他人。①

　　这一时期尝试过几项举措,德州试图通过位于北京的农村函授学院为妇女开设特殊课程。这一举措由一个得到公认的当地协调小组来组织,被山东省妇联视为一个非常积极的发展。"研究会"吸纳了更训练有素的妇女和更为成功的典型。"研究会"的运作是为了向其他农村妇女传播科技知识并给予创业鼓励。到20世纪90年代中叶,"双学"正朝着在村一级为社会性别与发展构建一个组织基地的方向迈进。②

　　到1993年,"双学"还考虑通过组织女工和女企业家加入竞赛及相关活动进军乡村工业(山东省妇联,1993;赵玉兰,1994c)。这与将"双学"活动扩展到农村经济中最具活力的部门并尽量吸纳最广泛农村妇女的其他努力是一致的。成功的妇女是招募计划的一个特殊目标群体,因为她们是一股潜在的资源,能够为"双学"助力,"双学"活动虽设计精巧但仍因缺乏人力和物力资源而举步维艰。妇联有意识地利用私营部门的资源,在其正式领导之 54

---

① 针对农村大众的培训重点一以贯之放在增加生产而不是管理或做生意上。

② 到1994年,山东省一些明确的培训目标包括:努力扫除文盲;使每个农村妇女都学到两种或更多实用技能;在五年之内,使40万农村妇女获得"绿色证书"和20万农村妇女取得"农民技术员"资格证书(赵玉兰,1994c:4)。

下为农村妇女开展有组织的活动构建了一个有效并且构成广泛的基础。

据此形成的综合性策略包含三个相关的重点领域：通过扫盲、教育和培训项目提高农村妇女的素质；提升农村妇女运动的组织能力；有效组织妇女在市场上取得成功。

第四章　扫盲、教育和培训

就识字、教育和培训的意义而言，不管是从绝对条件抑或与男性相比，中国农村妇女缺乏素质的说法准确吗？教育的改善能否有效改变妇女的地位？中国有悠久的正规教育传统，数十年来，为两性青年提供各种形式教育的努力一直在增多。然而，全国各地特别是在农村地区，一些公认的问题仍持续存在。尽管人人可能都乐于认同教育是一种社会公益，人人都向往改善获得教育的机会。作为严重依赖改变教育这个因素的一项变革之策，这需要仔细考察具体细节。槐里村为这一考察提供了详尽的案例，这将是本章的重点。

全国背景

应该在序言中指出的是，从更大的背景来看，对教育的关切和强调是有理由的。过去几十年尽管获取教育的机会已大为改善，这包括扫盲培训、初级教育和短期培训课程，但中国教育劣势方面的遗留问题继续困扰着很大一部分成年人口。这最显而易见地体现在高文盲率上。中国执行《内罗毕提高妇女地位前瞻性战略》的第二份官方报告指出，1990年，15岁以上的文盲和半文盲人口为127 249 000人，其中70.07%为妇女。实际上，性别失衡集中在较为年轻的年龄组中。在 15—24 岁的文盲和半文盲中,妇女占 72.94%,25—34 岁的年龄组中占 78.22%,35—44 岁的年龄组中占 74.37%,但在 45 岁及以上的文盲和半文盲中,妇女只占 67.60%(中华人民共和国,1994:表 10‐1)。这并不表明妇女的节节败退,相反只是说明男子以前获得教育的机会也较少,他们入学机会的改善似乎只比妇女早一点而已。

成年文盲和半文盲的性别失衡导致相当大比例的妇女无法获得书面知识。1990 年,有 31.93% 的妇女是文盲或半文盲。按年龄组细分表明,这一情形正在迅速改变:1990 年,15—24 岁女性的文盲和半文盲率为 8.5%—24%,25—34 岁的女性为 15.03%,35—44 岁的女性占 28.57%,45 岁及以上的那些女性中占 71.65%(中华人民共和国,1994:表 10‐2)。从 1982 到 1990 年,这些数字有了明显的改善,并在 20 世纪 90 年代也有所改善。取得这一进展部分源于扫盲培训,但也来自获取定期正规教育机会的改善通过年龄金字塔的作用带来的影响。

扫盲培训是"双学"活动的一部分,尤其是在其最初的五年期。扫盲活动不包括 40 岁以上的妇女,从而大大缩小了扫盲的范围。扫盲培训的重点放在偏远贫困地区 15 至 40 岁的妇女。这些地区文盲率最高,扫盲培训的成效也有可能最大。20 世纪 90 年代为减少女性文盲率制定了年度目标,降低文盲率的目标在发达地区为 5%,贫困地区为 10%,贫困边远地区为 15%(中华人民共和国,1994:28;国务院,1995:15)。在陵县,1994 年就达到并超过了扫盲目标,该县达到了女性文盲率低于 2% 的更高标准,并获得了"无(文)盲县"的称号。

用来衡量识字状况的标准规范是能认得 1 500 个汉字,这足以阅读简单的材料并能满足某些实际目的,但不足以阅读报纸,比如读报时会遇到大量新字。因此,尽管达到这个水平很有用,但它也有明显的局限性。妇女运动强烈意识到有必要提供更多教育。

具有决定性意义的长期措施是在全国范围内扩大有效获取正规教育的机会。这个时期的目标是实现九年义务教育的普及,即普及初中毕业水平,并确保女孩被充分纳入九年义务教育。从狭义上讲,普及教育并不是妇女运动的关切事项或妇联的职责。它要通过国家的教育政策,通过国家的教育渠道以及靠公共财政支持来实现。基本普及九年义务教育的任务到 2000 年逐步完成,但全国范围教育水平参差不齐,要通过不同的阶段来实现。到 20 世纪 90 年代中期,其目标是到 1996 年,占全国人口 45% 的地区要实现九年义务教育的标准,1998 年占人口 65% 的地区要实现目标,到 2000 年占人口 85% 的地区实现目标(Quarterly Report,1995:932)。这当然意味着实际参与率会略低,因为目标并没有要求这些地区达到 100% 的参与率。到 1993 年,小学学龄儿童的入学率达到了 97.7%,尽管这个数字比 1992 年的 79.7% 有所提高,但只有 81.8% 的小学毕业生升入中学(Statistic Communique,1994:5)。

妇联很关切教育政策的实施,尽管她们唯一的直接参与是努力将女孩囊括其中。这项政策本来是不分性别的,但在悠久的传统和压力下会迫使女孩特别是中学年龄段的那些女孩辍学以便照顾年幼的弟妹,而且在改革开放时代,她们辍学后越来越多地去乡镇企业打工。这种压力在较贫穷的社区和家庭中尤为严重,加上教育相关的某些费用而雪上加霜。确保女孩能入学,能留在学校,并且全年实际上都能上课(在校注册期间没有辍学)极为重要。因为假如女孩在儿童时代失去了教育机会,她们日后再获得受教育的机会就非常困难。尽管低龄儿童入学率的差距相对较小，但女孩的参与率总体上仍低于男孩。到 1992 年，小学女生占 46.6％，初中女生占 43.8％（中华人民共和国 1994：表 13）。

在妇女运动看来，初中以上水平的教育对女孩来说非常重要。中国也一直努力不断提高初中以上各级教育中妇女的比例（国务院，1995）。不过，由于接收所有学生上高中和大学的适当教育资源严重匮乏，因此几乎不可能鼓励女孩继续求学。最近的重点一直放在拓宽初中教育的机会，而不是放在高中和大学进行类似的扩招上（中华人民共和国，1994：表 12）。在农村经常可以邂逅额外花一年时间复读的青年男女，他们希望改写入学成绩进入更高一级的学校，但由于竞争激烈，即使复读一年，也不是所有人都能成功的。

妇女运动的实际重点因而放在短期培训上。这在某种程度上已经与扫盲教育相结合，特别是在"双学"的第一阶段，重点放在技术培训上。妇女运动一直试图通过调动自己的资源以非常小的规模提供这种培训，比如举办半天选育种子方面的实用技术培训。它还试图通过"双学"协调小组与地方政府的不同部门建立联系，以便提供稍高级别的培训。妇联负责组织培训并动员妇女参加，而政府农技推广人员则提供技术指导。在 20 世纪 90 年代初期，尽管农业科技人员的配备已有所减少，但名义上至少有一个综合性的农村推广网络，它与负责农村生产的若干政府部门（如农业或畜牧业）的每个部门都有联系（Quarterly Chronicle，1994：1227）。尽管存在这些限制，仍有一些可用的人力和物力资源，人们也努力增加农村妇女获取快速实用技术的机会。妇联一些工作人员本身具有一定程度的技术能力，因为她们其中不少人毕业于农业技术中等学校（即农校）。妇联还要求村妇女主任带头学习科技知识,以便能传授给其他妇女。在"双学"的第二阶段,除贫困边远地区仍旧关注扫盲以外,其他地区的重点已从扫盲转向了更高水平的科技教育。其中关键的一步是通过妇联利用农业函授大学来完成的。这既增加了妇女参与正规课程的机会,也设置了专门针对妇女的课程。农函大提供面向全国的农业实用技术课程,由具有良好资格的师资集中设计并通过印刷材料和当地农技推广人员在当地授课。考虑到要记笔记并跟上课程进度所需要的最低教育水平是初中毕业,因此,这一步意欲在初中教育的基础上加以扩展。德州妇联一直积极地推行这一战略。

59

数据与分析

本研究将更详细地探讨槐里村扫盲、教育和培训的问题,力求揭示识字率、入学率或政策举措以外的东西。基于 1989、1990、1992 和 1995 年对 90 个农户访谈的样本,这里将检视槐里村男女居民的识字、教育和培训情况。1989 年,该村大约有 230 户人家。

尽管该样本的设计旨在代表各种经济状况和家庭形式,但它确实存在两个主要偏差。因为我的兴趣特别在于跟这些妇女交谈并调查该村政治经济对妇女开放的各种渠道,这个样本包括了所有从事妇女工作的妇女,而且经济上获得成功并活跃于家庭企业中的那些妇女所占比例也偏高。这个样本中该村更为成功家庭的比例也偏高,部分原因在于当地官员更倾向于引导我去访问较富裕的那些家庭,尽管我自己也在寻找访谈对象,而且能对样本进行一些经济上的对比。对调查得来的数字应可以做这样的解读:几乎可以肯定的是,调查样本中的教育和培训水平比村内一般村民的要高,我预计这一偏差在妇女中比在男性中更大。

除基于此样本的男女对比之外,我还将探究一些特定案例,追踪其伴随时间推移的发展,以便确定其教育轨迹和职业发展路径,并考察教育和职业上性别差异的模式。这种纵向和具体案例的方法可以探究教育相关变化的微观动态。这种方法适用这里所关切的问题,即在村庄、家庭和个人的微观层面上变革的策略是什么。①

识字状况

表 4－1 按年龄和性别详细列出了样本中槐里村居民的识字概况。1935 年以前出生的妇女普遍不识字或识字不多。② 1950 至 1954 年期间出生的这群妇女,其识字率急剧上升,但仅在 1960 年以后出生的妇女中,文盲才变得少见。相比之下,男性中的文盲率毫无疑问要低得多,甚至在最年长的队列中,样本中几乎所有男性都至少短暂上过学。这些男性中许多人描述自己识字有限(只认得一些字,或者只会读不会写),而另一些人则说,他们只是几十年前受过一年或几年教育。男性接受普通教育(假如称不上普及教育)的重大突破出现在 1950 至 1954 年出生的这个年龄队列。至于妇女的变化则远没有那么引人注目。1960 年以来出生的男性中,没有人被认定为是文盲或半文盲。如该表所示,妇女中的文盲率要高得多,而且在非常年轻的妇女中仍可以发现文盲。

---

① 第五章中进一步深入探讨这些教育因素与经济发展的关系。
② 识字与文盲状况是根据自报记录的。但我在槐里村没有发现虚报识字或教育实际水平的任何迹象。我认为这些数据大致可靠。

表 4-1　1989—1995 年槐里村家庭样本中成年居民的文盲状况

单位：人

出生日期	文盲		半文盲或不确定的读写能力		非文盲	
	女性	男性	女性	男性	女性	男性
1920 年之前	0	0	0	0	0	2
1921—1929 年	4	2	1	3	0	0
1930—1934 年	2	0	1	3	0	1
1935—1939 年	3	0	2	3	2	4
1940—1944 年	4	0	2	2	4	6
1945—1949 年	4	1	3	2	4	7
1950—1954 年	7	2	3	2	12	13
1955—1959 年	6	0	3	3	9	17
1960—1964 年	0	0	0	0	15	13
1965—1969 年	1	0	0	0	23	22
1970—1974 年	1	0	0	0	17	8
自 1975 年	1	0	0	0	5	1
合计	33	5	15	18	91	94

　　注释：这个表格包含 1989、1990、1992 和 1995 年访谈过的家庭中所有成员的信息。这些成员已经从学校毕业，因此可以获得关于他们读写能力的信息。

　　扫盲教育是"双学"运动最初阶段的一个主要关注点。事实上，扫盲教育被概念化为第一个"学习"（学文化）的主要内容。我在这个村庄只找到唯一一个在"双学"背景下接受扫盲学习的妇女。①② 这位有两个十几岁孩子的母亲说，她年轻时曾短暂上过

① 在本研究中，我隐去了妇女的姓名。尽管这个研究具有公共的性质，隐去姓名或者使用化名都似乎不会影响本研究的结论。
② 在这个村（或 20 世纪 80 年代我研究过的其他村落），我发现妇女或男性成年后接受扫盲教育的案例非常少。除了文本中正在讨论的这个案例，槐里村样本中还包括另外两名妇女和一名男性属于这种状况。

61 学,但所学的东西全忘光了。在三年的时间里,她在孩子们的帮助下学会了识字。这的确是该地区目前所倡导的扫盲教育的实用方法。然而,1989 年在槐里村开展"双学"时,虽然仍有相当多四十五岁以下的文盲妇女,但这里几乎没有进行过扫盲教育,也不曾考虑过开展扫盲教育。该地区扫盲运动的目标并不是四十五岁以上的人。乡和县里的妇联干部说,很难说服妇女参加扫盲班。"双学"概念的核心思想之一是这样一个命题:扫盲教育假如与有助于增加收入的实用技术培训结合起来,则有可能吸引妇女去学习。① 这在其他一些地方可能实施过,也许是在年轻妇女的文盲率较高的那些地方,但在槐里村并未尝试过。从扫盲教育中受益最大的妇女可能是村里最贫穷和最辛劳的妇女,还有

62 那些没时间从事任何无法立刻改善家庭经济条件的妇女。有个妇女确实花了三年多时间(1989—1992 年)学文化,她与丈夫一起,合作经营村里最大的香油作坊,并且变得相对富裕,我认为这并不是偶然的。假如说这个村的迹象在某些方面似乎能够给人以启迪,那就是,为贫困家庭的年轻已婚妇女提供扫盲教育颇有难度,这些妇女已背负了沉重的双重负担,她们所关心的是将所有时间花在养家糊口上。地方妇联的干部因而并不认为这是一个可行的策略。因此,在学龄期间参加正规教育至关重要。

---

① 与 Bourque 和 Warren(1987:187 - 188)的较早观察做个比较:"虽然妇女们对扫盲项目与创收活动的联系表现出相当大的兴趣,但政府几乎没有做过任何努力使项目转向这些活动。"

教育

表 4－2 与表 4－1 的样本相同,它呈现了槐里村居民的正规教育情况。生于 1955 年之前、报告已受过某种初等教育的多数妇女也揭示,这种教育比较有限,通常不足以使她们成年后仍识字,这种情形也适用于 1955 至 1959 年间出生的一拨女性。对于 20 世纪 50 年代出生的这一代妇女,中国农村的这一地区已开始为女孩提供教育,但直到 1960 年以后出生的这个队列到了入学年龄,即"文化大革命"初期,该地区面向妇女的小学教育才开始普及。这个队列中的许多人还接受过初中教育。相比之下,这个样本中的多数男性,甚至是最年长的那群人至少都接受了一些小学教育,1955 年以后出生的男性,全接受过小学教育。1950 至 1954 年这个队列的男性经历了意义重大的转变,他们是第一拨大量接受了初中教育的群体。事实上,1950 年以后出生的男性在几乎所有队列中都有几个人接受过初中以上的正规教育。这种可能性的确在 20 世纪 50 年代出生的妇女中出现过,尽管受过初中以上的教育的妇女只是极少数。

在最近数十年,这种农村教育模式的结果是,槐里村处于经济活跃期的成年人中,其教育水平参差不齐。受教育的数量因年龄和性别而不同,尤其是对 20 世纪 50 年代出生的那些妇女来说,受教育程度差异的幅度更大。而自 1960 年以来出生的男女队列中,差异的幅度都缩小了,那时面向妇女的教育更为普遍,无论男女,接受初中教育也变得相对常见。但即便在我进行研究期间,该村一些较贫困家庭的少数学龄女童仍完全错过了教育或只受过短暂的教育。

表 4－2　1989—1995 年槐里村家庭样本中成年居民的受教育状况

单位:人

出生日期	没受过教育或只参加过扫盲班		至少受过一些小学教育		至少上过一些初中		初中以上	
	女性	男性	女性	男性	女性	男性	女性	男性
1920 年之前	0	0	0	2	0	0	0	0
1921—1929 年	5	2	0	2	0	1	0	0
1930—1934 年	2	1	1	3	0	0	0	0
1935—1939 年	3	0	4	4	0	1	0	2
1940—1944 年	4	0	4	5	1	1	1	0
1945—1949 年	4	1	8	7	0	1	0	2
1950—1954 年	8	2	9	4	3	7	2	4
1955—1959 年	6	0	6	5	4	8	2	7
1960—1964 年	0	0	2	3	11	7	1	3
1965—1969 年	1	0	5	3	18	15	0	4
1970—1974 年	1	0	4	0	11	8	2	0
自 1975 年	1	0	1	0	4	1	0	0
合　计	35	6	44	38	52	50	8	22

注释:这个表格包含 1989、1990、1992 和 1995 年访谈过的家庭中所有成员的信息。这些成员已经从学校毕业,因此可以获得关于他们读写能力的信息。

对于 1950 年以后出生的这些居民,无论男女都有可能接受初中以上的教育,尽管男性比女性更有机会从这些教育中获益,但在早些年,这些机会即便是对农村男性也十分罕见。高中或中等专业教育(中专)的普及尚未出现突破,在可预见的将来似乎也不大可能有所突破。在 1995 年末我最近一次实地考察时,该县正在召开关于普及义务教育的一个重要会议,当前的全国性目标是初中毕业。在未来几年里,这一教育水平有可能成为妇女和男性受教育的有效最小值,现在还无法预测何时可以更广泛地获得更高水平的教育。

表 4－2 仅包括 1989 至 1995 年间接受访谈时已从学校毕 64
业者,因此更年轻的年龄组代表性不足。在此期间进行的户访发现,有几个男女青年继续升入了高中或中专,这几年里村里还有一名男青年从久负盛名的山东大学毕业,但想进一步求学的村民们也有人在高考竞争中名落孙山的。有些人复读一年并重新参加高考,但这里的主要问题不是学业上的成功与否,而是招生的名额有限。在这个层面上,对农村学生来说,比起匮缺的招生机会,个人意愿、家庭资源和性别问题可能都退而居其次了。

至于性别因素,在长期利用继续教育这个层面上性别差异对比鲜明。如下所述,对于男性而言,初中以上的教育或培训通常是他们能维持非农业职业道路的起点。这与只有少数几个妇女获得初中以上教育的情形有天壤之别。在年纪较大的年龄队列中,唯一受过这种较高教育的一个女性生于 1942 年,并在 20 世纪 50 年代后期从一所中等师范学校毕业。她的职业生涯本该使她转为非农户籍,但在三年困难时期(1959 到 1961 年),却因其失去教职而被打断。她后来在自己原生村庄当了一段时间民办教师,但由于健康状况不佳、照顾孩子以及当公办教师的丈夫不在家等因素叠加起来,她只得放弃了。她嫁到槐里村后长期住在这里,但她从未在槐里村当过老师。

另一名妇女生于 1951 年,小学毕业后接受过乡村医生的培训。她在自己娘家的村里担任过赤脚医生,她的转变实属罕见,通过早早出嫁,她在婆家的村里继续其职业,那时她丈夫的一个女性亲戚(姑姑)出嫁离开了槐里村,她得以接替了赤脚医生的职位。① 她继续当村医，直到第三个孩子降生后，出诊的压力连同育儿负担，迫使她不得不放弃，因为照料孩子的负担对她婆婆来说太繁重了。

65 　　分别生于 1942 年、1950 年和 1954 年的其他几个妇女，没有受过具有重大意义的进一步培训，但与其同代人相比，她们受过相对较高的教育。对她们来说，教育为她们打开了机会，使她们婚前可以在其出生的村庄当老师，年龄最长的那个妇女还在她娘家村短暂担任过村医。这些妇女中有一人婚后在其出生的村里继续教了一年书，但她们中没有一人婚后在槐里村当老师的。这些妇女中年龄最长者的学历相当于初中，其他的每个人都受过某些中学教育；这些妇女都没有接受过专业化的职业培训。

　　这些妇女短暂职业生涯所揭示的机会模式，也表现在受过相对高水平教育的那些男性身上。这些男性得到了非农职业机会，这与其接受过较高的普通教育密切相关。但妇女的经历有别于男性之处在于，在所有这些案例中，妇女一旦结婚嫁到另一个村子后，她们的职业生涯便戛然而止。即便是稍年轻甚至受过更高程度教育的女性也不乏其例，虽然她们仍是中国农村的一种稀缺资源，而且她们在娘家村有多年工作经验，但是嫁到外村后职业生涯都终止了。一位 1955 年出生的妇女是高中毕业，接受过一些师范培训，在她出生的村庄任教五六年，但在嫁入槐里村后从未任教过。另一位 1956 年出生的妇女也是高中毕业，曾在其出生的村子里教书，但在嫁入槐里村后不曾执教。

------

① 不清楚订婚是不是为了使这一转变成为可能。

这些是样本中仅有的生于 1960 年之前并受过较高水平教育或正规专业培训的妇女。显而易见的是，槐里村的受教育妇女并未得到充分利用，即便她们在传统上认为适合妇女的领域接受过培训并且有工作经验，如小学教学。

一些较为年轻的妇女毕业后的职业机会就不那么依赖村庄正式结构。一名生于 1962 年的高中毕业生，通过完整的学徒工作学到了其父亲的手艺（制作假牙），并在当地农村市场生意做得风生水起。一位生于 1970 年的年轻得多的高中毕业生，在一个复杂的家境中生活得颇为清闲。一名年轻毕业生从县里的中专毕业，该校专门培养学生带着一技之长返回农村工作，她母亲在槐里村开了一家诊所，她就在这里当了一名独立的乡村卫生员。

尽管这些举例可能看似有点儿冗长，其实我的样本中所有受过初中以上教育的妇女总共就这么多（这个样本里共有 143 名妇女已从学校毕业）。除了她们人数少，从中可以得出的重要结论是，这些妇女没有机会利用其所受的教育，或者说，她们没有机会利用她们以前在其出生村庄中的工作经验来为她们成年后生活的社区服务。没有一个妇女在槐里村教书，这可能与这个村庄偏爱男性当教师的惯习有关，普遍来说妇女一旦结婚或婚后不久就终止教学生涯，因为她没有机会在嫁过来的村子继续其职业生涯。① 这些妇女中的许多人在改革开放时代的私营部门取得了成功，但这是个人或家庭主动进取而不是官方扶持职业的结果。

---

① 我在槐里村只能找到唯一一个当过教师的年轻妇女。生于 1977 年的这个年轻女性初中毕业后未能通过高中的入学考试，她复读一年，随后在一个毗邻村庄获得了一份教职。

也有这样一种情况,一些受过最好教育的农村妇女(包括至少一名书中提到的妇女)受益于其教育而离开了农村。我掌握的数据使我无法量化评估教育作为年轻妇女离开农村的一种途径的重要性,尽管访谈数据表明,这确实是父母和年轻人的共同想法并一起朝着这个目标努力。[①] 但是,此处呈现的数据很清楚地揭示,一个农村年轻妇女所受的教育很难使其在所嫁社区的公共部门中找到工作。必须指出的是,官方妇女运动关切的恰好是妇女对其成年生活的社区作出贡献,以及为这些社区的经济发展作出贡献。我在这里所探究的政策本身并不关心把妇女个人不断增长的机会作为一个目标本身(这有可能被斥为宣扬资产阶级个人主义),也不关切帮助妇女离开农村。相反,这里关注的是仍留在农村并成为当地经济发展主力军的成年妇女的生活和贡献。

为男性提供的教育

假如与男性的一些模式加以对比,女性在公共领域利用其教育的发展劣势可能会变得更加明显,男性不仅拥有的选择更为广泛,而且通常也能把教育、培训和职业机会整合起来。在此我不会赘述所有案例,而是总结一下男性继续教育的情况(另见表4－2和表4－3),举例说明与妇女的鲜明反差,以及一些男人可获得的机会范围。值得注意的是,只有少数男性享受一些仍是相对特权的机会,即便不像在妇女中那样凤毛麟角。

---

① 也可见 Parish 等(1995)。

　　最直接的对比可以从教师们的情况中观察到,因为在中国农村,男女两性都可以当教师,尽管只有男性才能够在该领域有连续的职业生涯。槐里村的情况甚至更为极端,我记录的村里所有老师都是男性。槐里村小学的校长是生于1957年的一位男性,他高中毕业,曾在部队服役三年。他一复员就成了民办教师,后来当上学校校长。村里的一个年轻人是高中英语课上的尖子,这为他当上乡里初中的英语民办老师赢得了机会。在那里,他注册了政治学领域的函授学校。访谈时,他刚参加了师范大学的入学考试,他如果成功考上了,将成为拿国家工资的正式教师。村里的第三个男性,生于1955年,高中毕业,在村里任教五年。之后,他在乡诊所接受了一年的培训,并于1982年被大队聘为村医。此后,他上过为期半个月的进修课程,并继续做村里领工资的村医,不过村里现在也有私人执业的医师。

　　这些案例都说明,较高水平的正规教育(高中)给他们提供了非农就业的机会。这些机会是由当地的集体制(当这一制度尚存时)和地方政府自1984年以来提供并促成的。同样显著的模式也存在于其他领域,包括正规教育与某种形式培训的结合,后者是前者的补充,或者说后者是前者的有效替代。

培训

　　培训的概念很难表述,因为它的界限相当模糊。在某些情况下,比如在一些不太正规的教师培训中,培训似乎与专业化教育融为一体,而在这个连续体的另一端,它又与在职培训相融,接受过培训的那些人甚至都有可能不认为受过培训或根本不报告接受过的培训。表4－3中列出了一些培训,但这里仅包括受访者认为自己接受过的培训。根据我的判断,这包括了村民所接受的大部分更正规的培训,但很少包含较不正规的培训。因此,这个表的综合性远不如表 4-1 或表 4-2。要想将槐里村居民获得培训机会的不同情况勾勒得更完整和更情景化,就需要将表 4-3 中包含的材料与更具包容性的访谈和工作史资料一起呈现。

表 4-3　1989—1995 年槐里村家庭样本中成年居民的培训状况

出生日期	女性	男性
1930—1934 年		部队培训班
1935—1939 年		部队培训班 向专业户非正规地学种蘑菇
1940—1944 年	医疗培训 自学制作挂面	
1945—1949 年	跟胡教授学养鸡,也在农函大非正规学习	
1950—1954 年	跟胡教授学养鸡,也在农函大非正规学习 跟从丈夫的家人学做芝麻油 文盲妇女学会后当饭店厨师 苗圃技术	自学的摄影师 在部队受过培训的电工 部队培训班 集体和部队的卫生员;集体会计的在职培训 自学的教师
1955—1959 年	自学的裁缝 作为临时合同工学习制作热销的小吃 当村妇女主任的 20 多天培训 在农函大非正规地学习养鸡	木工学徒 部队培训;集体企业的在职经商培训 作为集体拖拉机驾驶员的培训 被集体派去接受兽医培训,而后是驾驶员培训,再后来是电工培训
1960—1964 年	跟从丈夫学做镜子 当制作假牙的学徒	集体的拖拉机手 作为临时合同工学习驾驶拖拉机 木工手艺培训 集体化时代作为电工的在职培训

续表

出生日期	女性	男性
1965— 1969 年	作为妇女主任的在职培训	学徒 集体镜厂的在职培训；部队艺术培训 作为临时合同工的经商培训 作为临时合同工的肉类加工培训 在乡里当老师，也上函授学校
1970— 1974 年	裁缝学徒 裁缝学徒 在娘家学会做挂面 裁缝学徒	
1975 年 以来	作为临时合同工的文盲学会 了蘑菇种植	

注释：这个表格包含 1989、1990、1992 和 1995 年访谈过的家庭中所有成员的信息。这些成员已从学校毕业，因此可以获得关于他们读写能力的信息。这里只包括自己报告接受过培训的情形。不管妇女还是男性，他们所接受的培训和获得的技能，报告的数字都远远低于实际数量，特别是在相对非正规的情势之下。生于 1930 年之前的妇女或男性都没人报告受过任何培训。

在这个讨论中，我将培训作宽泛的解释，它囊括了可以获得一技之长的正式和非正式的培训。获得的技能可带来就业或有偿的自主创业。在中国农村，任何形式的培训似乎都具有与文化相关的意义。培训不像教育那样得到正式认可。它受重视在于其实用性的结果。我在讨论中唯独将一种培训形式排除在外，这就是在村里广泛提供的偶尔短暂（通常为半天）的实用（通常是农业方面的）技能课程。这种在"双学"活动中针对妇女的培训，将在第六章中加以讨论。

农村的许多机会一直是通过不同层次的集体结构（小队、大队和公社）或通过取代这些结构的政府体系（村和乡）提供的。[1]

① 在槐里村，生产队被农业小组取代，但工作范围和重要性都缩减了很多（参见 Judd，1994）。这里描述的多数机会似乎都更多与大队/村这一级相关。无论如何，这是纯农领域之外负有主要责任的最低集体/行政级别。

在集体化时代,从事任何类型非纯农劳动的工作都涉及某一级别国家进行的劳力分配,这自然延伸到为从事这类工作的某些人提供必不可少的培训。实际上,所有这样的机会都落入了国家对劳动力分配的垄断范围之内。妇女有时在被视为适合妇女的领域得到录用,如小学教育、卫生工作和担任村妇女主任,并有可能得到一些培训,尽管教师通常主要依据较高的教育水平来选拔,而不总是依据是否接受过教师培训。就算有培训,妇女主任通常是在工作岗位上边干边学,虽然我的样本中确实有一位妇女报告说她在自己出生地的村庄接受了二十天的培训,随后在那里担任妇女主任。如前所述,妇女无法将她们的教职从其出生的村庄转移到她们出嫁的村庄。样本中的两个妇女曾是其娘家村的妇女主任,她们俩人没有一个能将这个职位转到她们嫁入的村子。她们和当地妇联的干部都坚称这么做行不通。妇女嫁入的村庄可以为其提供一些机会,许多妇女嫁入后被吸纳为妇女主任。但由于婚后从夫居的惯习仍占主导地位,可以料想妇女们早期的成年生活会被打断,这使得当地领导者不太可能选择年轻女性去接受培训,或者即便她们接受了培训,她们在日后的生活中也可能用不上。

此外,有些约定俗成的性别分工模式也有效地将妇女排除在许多工作和培训领域之外。尽管可以找到女儿在其出生村庄获得优先机会的案例,正如上文中提到过的受过培训的妇女主任的例子,她是村支部书记的女儿。类似的关系通过变换岗位可以扶持一个男子的职业,而对妇女来说,她只有留在其出生的村里才有可能工作。

系统培养

可以通过列举少数男性通过集体或政府渠道接受持续教育、培训和职业机会的案例，来弄清楚女性错失的机会。应当指出，非集体化并没有使这些渠道中断。这些渠道的运作方式与过去大致相同，但所提供的官方职位的数量比以前要少。通过增加私营部门的额外升迁渠道，农村经济改革业已改变了这种状况。一些男性因而有可能在去集体化之初就得到了其职业发展的持续扶持，而另一些人则选择利用集体化时代接受的培训在改革开放时期建立私营企业。在改革开放时代，村级结构促进职业发展的机会可能缩减了，除非一个村庄拥有重要的企业和资源。但这一转变是新近才发生的，仍有许多处于经济活跃黄金期的男性受益于这种方式。但公共领域在很大程度上仍是中国农村经济活动的重要领域，在这种情势下，获得培训和职业发展渠道的机会，连同获取这些渠道中存在的性别差异，都将继续具有长远的重要性。

例如，1958 年出生的一个生产队长的儿子，在"文化大革命"期间高中毕业，①被送到县城接受了为期两年的培训，并获得了兽医的结业证书。② 他在大队当了一年兽医，但他不喜欢这个工作。他后来被大队派去受训一年，成了一名司机，为大队开了半

---

① 鉴于那时教育中普遍存在的状态，他不由自主地称之为较低的高中水平。在"文革"期间，初中教育通常意味着总共上过七年学。

② 在中国，现在农村兽医工作还不是由妇女做的。虽然少数妇女接受过当兽医的培训，她们主要是当老师或者担任城市里的其他角色。

年车。接着,他获得了当一名电工的短期培训机会。在接下来的十年中,他为大队/村及附近的公共服务部门工作。在这期间,这一地区农村正开始通电。他所受的培训还不具备在城里建筑业中从事电工工作的资格,但在接受访谈的时候,他是从事乡村运输的一名个体司机。这个案例并非例外,因为男人与干部有联系,许多男人都有这种关系,许多女人也如此。所不同的是,尽管父亲和女儿都为了女儿的利益而努力利用家族关系,但一些结构性障碍会妨碍她们长期有效地利用这些关系。槐里村有好几个男性(却没有一个女性)在集体化时期或在军队服役时接受过当电工的培训,他们在农村电气化进程中拥有相对诱人的机会。

72　　　青年男性得到集体培训的更常见例子是学开拖拉机。一名更年轻的1959年出生的男性公开说,他有机会在初中毕业后学开拖拉机是因为他们班许多同学由于是女性而被淘汰。他在大队开了五年拖拉机,集体一解散,他就购买了拖拉机,成为该村最早进入私营机动车运输领域的男人之一。这是农村经济中特别有利可图的一个领域。① 所有曾在集体化时代学会了这种技能的拖拉机驾驶员,后来都能进入私营运输行业。尽管现在农村男性中有更多人学会了驾驶,即便这一技能的技术水平通常较低,但仍不失为一种优势。

　　　在某些情况下,男人担任生产队或大队干部也可以被看作能获得一些会计或管理技能。在槐里村,除不太重要的妇女主任一职外,所有这些职位都由男人担任。在华北地区的其他村庄,这些职位要么完全由男性担任(这种情况最为普遍),要么主要由男

---

① 我在中国农村见过妇女开车的,但比较罕见,在这个村里并没有。人们提到妇女丧失当驾驶员资格的通常原因是,交通运输工作中仅行驶距离一项就会危及妇女的安全和名声。

性把持。例如,一个生于 1959 年的年轻男性,在非集体化之前曾
在槐里村的一个生产队当保管员,后来成功转行经营一家汽车修
理兼加油店。另一位曾在集体化时代担任保管员的男性,非集体
化后成为槐里村三个农业组中的一个组的组长,并与其妻子成功
经营着一家店铺。1995 年,他们家是村里惹人艳羡的最富裕家
庭之一。另一名男子在部队服役六年,复员后在大队经营的商店
学会了做生意并在乡造纸厂做销售工作,他后来将这些技能用于
自己经营。

　　在国有部门之外也存在一些类型的培训,主要是家庭内部的
非正规培训,有时也通过家庭内部或家庭之外正式拜师学徒,这
一习俗在改革开放时代又复活了。有一个男性自认为是跟自己
的父亲学徒成了一个木匠,但正式拜师学徒在槐里村比较罕见。
一个妇女提供了跟其父亲学习制作假牙技术的学徒工合同细节,
这个手艺按习俗只传给男性后裔,但他父亲把手艺既传给了儿子
也传给了女儿。在改革开放时代,村里一位特别成功的裁缝近来
收了几名学徒,她学徒中的两人后来开了自己的小裁缝店并招收
了自己的学徒。所有裁缝都是妇女,比起其他手艺做裁缝显然吸
引力比较小。当她们攒够了钱时,便会离开这一工作辛苦且交活
时间紧迫的行当,就像最早那位手艺一流的女裁缝,她三十多岁
就不干了。

　　其他一些技能是通过家族血统传承的。做芝麻香油是一项
传统技能,在槐里村的几个家庭中,这个技能只传给男性后裔。
妇女学会做香油通常是在她们嫁入有这种手艺的家庭之后,但我
不知道是否有哪个家庭把这门手艺教给女儿从而让她把手艺带
到婆家的。按照习惯,这一技能是一项家族资产,但在 1992 年的
"双学"活动中至少有一名被列为成功人士的妇女,正在向另一户

73

传授这项技能,很显然她是在妇女主任的鼓励下这么做的。

在研究期间,另一项在家庭内部传递的技能是制作挂面。这项工作大部分是由妇女完成的,这项技术实际上正传给了儿媳妇。一旦分家,儿媳妇可以将这项技能连同一些资本带入新的生产单位。女儿们也学到了这项技能,尽管我不太确定她们是否能够将其带到婆家,因为到20世纪90年代,按生产标准需要一大笔投资用于购买机器。槐里村至少有两个较为成功的家庭报告说,他们向其他家庭传授这种技能,而妇女组织也积极鼓励这样做。

阅读表4-3时值得注意的是在时间框架上的差异,但从这个表本身来看并不明显。在集体化时代男性主要通过集体来获得系统的培训,许多人设法将这个惠益带入了改革开放时代,但槐里村是一个公共部门很薄弱的村落,因此无法再培训大量男性并促进其职业发展。相比之下,同龄妇女提到的培训几乎全都是在改革开放时代获得的,要么通过私人渠道(如裁缝学徒),要么通过妇联促进的新兴培训计划(如养鸡)。

74

参军

中国农村最重要的升迁渠道之一是参军。村里受过初中以上教育的两位最年长男性,其中一人生于1938年,在加入空军之前已念完部分初中。参军后他上了一所中专接受过飞机机械师的培训,毕业后一直留校任教。复员后,他返回槐里村担任民兵连长,鉴于受过的技术培训(大概也包括他的政治培训),他不久就被调到一个公社企业担任厂长兼党支部书记,他负责经营一家大型且盈利的企业逾20年。尽管他帮助20多人获得了非农户口,但他自己并没有这样做。他因为身体不佳被迫退休回到槐里村的时候只能拿到很少的固定薪金,他最终在村里开了一家小店。这位男性之所以有些不寻常,是因为他早先担任过重要的职位,由于中国户籍制及其对城乡流动的严格控制,那些有资格有经验的人退休后出于经济或政治原因丧失职位会返回农村。然而,他的故事很能说明一条重要线索,即除了最年长的在世一代人,所有男性都有机会通过参军获得培训和机会。

样本中参过军的最年长男性生于 1934 年,他在部队时参加过扫盲班,尽管所有其他人在入伍以前都受过对他们那一代人来说较好的教育(通常是某些中学教育)。事实上,几乎所有参过军的人都接受过具有重要意义的额外培训或经验,或者获得一些政治资格,如党员身份,这使他们返回农村后有机会担任领导职务。实际上,参军入伍是一个特权机遇,通常标志着一个男人有可能离开农村或返回其社区后担任领导职位。在我的总样本 121 个已毕业的男性中,有 17 人曾服过兵役。并非所有人都通过参军极大地改善了自己的未来发展前途,但很多人确实大受裨益。素质的一个重要维度是政治方面,首先是能被选去参军,并在军队中取得任何可资证明的成功,比如入党,都是获得政治晋升的一个资格。

在一次实地考察时,我遇到了一位男性村主任,他生于 1954 年,曾在部队服役,在那里入了党并被派去参加过军官培训,但在裁军期间,他所在的班组都复员了。他回到了村里,担任了一系列干部职务。在改革开放时期,他进入了餐饮业经营饭馆。在村领导看来,他是政治培训的优选对象,目标是培养他成为未来的党支部书记。

另一个生于 1950 年的男性,在当兵的七年间学习成了一名电工,从他退役返乡一直到集体解体,他一直担任大队的电工。从那时起,他一直与其兄弟们合伙经营一个小磨坊,他负责照看这里的机器。

一个较年轻的男性生于1965年,初中时就擅长艺术,在大队的装饰镜厂工作了一年,然后在部队度过了三年,他在那里学了更多艺术。他现在在村里拥有自己的装饰镜企业,并培训他妻子与他一起经营。

尽管妇女有资格参军,但人数非常少。我还没有遇到过任何农村妇女曾当过兵。这是政治和技术上提升的一个重要途径,而这一渠道实际上却对妇女紧闭了大门,即便是非正式地。尽管这个论点一直聚焦于技术培训,因为这是"双学"策略的核心所在,但这里也必须提到参军和干部培训的政治意义。要明确而显著提高妇女素质包括她们的政治素质,以及使妇女做好在中国农村的家庭领域之外承担角色的准备,在这个地区有赖于采取各种举措。政治学习并采取措施为妇女提供进入村子外部领域的机会,包括成为村委会或更具权威的村党支部成员,是妇女联合会同时实施的一项重大政策。

⁷⁶
机会结构

简言之,槐里村目前处于经济生产活跃期的成年女性比男性有更高的文盲率,更低的正规教育水平,获取培训的机会也更有限。也许更为重要的是,即便她们确实受过相对较高的教育,她们在成年后可能也无法加以利用。与一些农村男性不同,妇女无法获得一个持续性结构的支持,通过公共领域促进教育、培训和职业的发展。因此,纵然农村妇女获得了一些早期教育或非农的职业机会,她们的能力也无法被系统化地加以充分利用。

因此,一项为了妇女的利益,侧重于以培训为干预关键点的发展战略,必须关注机会结构的问题,以及妇女是否能有效利用所提供的所有培训的问题。

伴随这个发展战略的铺开,它涉及采取多样化举措培训妇女,并为妇女在农村经济的国家与市场部门中定位(见第 6 章)的问题。为了实现这一目标,需要有一场更为强大的农村妇女运动,它与促进经济发展的妇女运动同样重要。从组织上强化妇女运动一直都至关重要,而这本身被概念化并呈现为提高妇女的素质。

第五章 基层组织

为了实现妇女运动所倡导的变化,一个有组织的变革手段必不可少。这并不完全是一个新问题,相反,国家和妇联对这个问题是熟悉的,因为政策与组织之间的联系是马克思列宁主义政治组织的一个根本信条。自成立之初,建立一个覆盖每个村庄的全国性组织一直是妇联的一项长期中心任务。在改革开放时代,这个组织在接受检视,妇联采取了一些举措将更多妇女纳入改进后的"妇女工作"形式之中。这种新形式强调自愿参与各种活动,通过市场谋求繁荣富裕。这就需要一定程度的组织创新与调整,尽管来自上面的指示仍与组织建设的传统政策和实践保持一致。

很显然,在强调组织的"素质"方面,采用了集中制和市场方法的混合。一个传统方法是承认人们通过标准建议执行政策的重要性,即政治路线一旦确定,干部就是决定因素。[①] 从这个角度来看,构建一个有强大干部的组织,对于实现政治目标至关重

---

① 在中国,人们非常熟悉的传统态度是:"确定了正确的政治路线并通过实践检验后,党的干部就成为领导党和国家工作的决定性力量。正确的政治路线当然是主要并且最重要的事情。但光有政治路线本身还不够。不需要正确的政治路线作为宣言,而要作为贯彻到实践中去的东西。但为了将正确的政治路线付诸实践,我们必须有干部。这些人懂得党的政治路线,把它当作自己的路线来接受。他们准备把它付诸实施,能够付诸实践,也能够为之负责,为之辩护,并为之战斗。如果不能做到这点,正确的政治路线就有变成一纸空谈的风险。"(Stalin 1947 [1939]:626)

要。可以说,中国共产党一直对其干部的培养格外强调,这与培
养领导者的儒家遗产有关。对这一方法的强调也可能是党早期
历史的一个产物,因为共产党那时处于分散的根据地和地下单
位,即便稀少而且分散,干部们也必须能有效地采取一致行动。
这一方法已嵌入随后的每一场整风和政治学习活动中。与此同
时,出于颇为不同的原因,在组织和个人两个方面都强调人力资
源开发和素质,这是当代以市场为导向的构想和战略的特征。

妇联要实施提高妇女素质的策略,就要利用可获得的组织资
源,这对于能否实现这一策略至关重要。该战略的一个主要且日
益重要的元素,实际上一直是提高妇女运动内部的组织素质。在
本章中,我将探究这些问题,从槐里村 1988 至 1995 年的基层情
况开始,再转到乡和县级的情况。本章的结论部分将指明农村妇
女工作要促成的组织变革。

槐里村

外国研究人员通常没办法进入当局认为是坏榜样的村庄进
行实地研究,我也不例外。尽管我一直在努力避开去模范村,试
图在取得一定经济成功的地区找到一个多多少少具有代表性的
农业村庄,努力拖延了一阵才找到了槐里村。1988 年 1 月,当我
第一次进入该村时,它与县里官员的关系不错,而且很显然被看
成是相当成功的村子。我当时的研究聚焦于非集体化和农户的
社会组织,我在研究中采用了具有性别包容性(gender-inclusive)
的方法,并将妇女运动作为总体环境的一部分来进行调查,不管
是妇女问题还是妇联,最初都不是我研究的中心。因此,我并不
认为我受邀来到槐里村(它不过是许多其他潜在的研究地点之

一),是特别因为它的妇女组织比多数其他社区更为活跃,尽管事实上确实如此。确切地说,我认为在更一般的意义上,这个村与该县正在推动的工作与现行政策是合拍的。我猜想,由于我一再造访槐里村,而且似乎要把槐里村当作聚焦于妇女问题的长期田野研究的场所,槐里村在接下来的几年里可能已得到更多支持开展其妇女工作。但是,时隔三年当我 1995 年重返槐里村时,我发现槐里村的妇女组织陷入了相对而言无所事事的境地,乡里的优先目标已转移到一个毗邻的村庄。尽管一个村庄不可能全方位代表农村妇女运动,但在田野期间所获悉的多样化情形,可以部分揭示一段时间内维系妇女运动的范围及存在的问题。

　　1988 年 1 月,这个村得到了县妇联异乎寻常的关注。1987年,槐里村是该县少数几个迎来了众多访客的村庄之一,他们来参观村里的妇女之家(村里专门为妇女工作提供的一个场所)和在庭院经济活动中取得成功的几个农户。槐里村长期以来一直是该县妇联努力保持密切联系的若干村庄之一。这些村庄的联系点是妇联的结构性渠道之一。县妇联据此试图在农村引领发展,它与基层保持联系并推广随后有可能被其他村庄效仿的成功榜样。这是长期的标准化中国政策的一个变种,即树立模范点并以点带片。在筹备现场会期间,县妇联一位精力充沛且能干的副主席大约每周都要来村里造访,并亲自组织村里的妇女小组及其活动。县妇联当时总共有 9 名工作人员,而全县有 986 个村庄,这意味着妇联即便对选定的联系村庄维系这样一种水平的努力也难以为继。因此,20 世纪 80 年代的槐里村并不能代表中国村庄的总体情况,只是表明有大量投入的地方有可能发生的情形。我后来所报告的研究(Judd,1994)就是基于这一早期情况,主要代表了 1989 年的情形,当时我在该村做了一系列系统化的户访,被提到的那位县妇联副主席仍然在位。

1990 年，我进行了一次短暂的访问，当时槐里村的妇女组织正处于过渡期，两个妇女主任相继离开村子后，正在考虑谁有可能接班。到 1992 年，已任命了其中一名候选人。连同乡里一位新来的妇联干部，槐里村推出一些重要举措来落实与"双学"相关的一揽子变革，包括经济发展、竞赛和组织的强化。在大约两年时间里，这个充满活力的小组引领槐里村积极促进村里的妇女组织发展并为村的妇女谋求经济发展。这与早先倡导的那些路径如出一辙，但其组织基础更扎根于当地。

然而，在当前条件下，保持任何有效的团队都极其困难。到 1995 年，槐里村再次失去了一个妇女主任，她从村里迁走了。与村妇女主任并肩工作的那个乡妇联干部已晋升为另一乡的副乡长。"双学"工作陷于停顿，村里在等待并期望以前的妇女主任可以重返岗位。一年后，这个妇女主任并未返回村里。但在对村里妇女组织的要求已转向计划生育工作的背景下，终于找了一个替代者。槐里村在"双学"活动中已不再领先。在"双学"第二阶段新的学习和组织活动中，它只是一个无足轻重的参与者。

因此，下面的讨论将利用槐里村三个不同时期的资料："双学"的前身和 20 世纪 80 年代后期的早期措施，1992 年观察到的实施"双学"的有组织努力，以及 1995 年活动明显衰退到偃旗息鼓的状态。

村妇和妇女委员会

尽管农村传统上一直是妇女联合会的主要工作重点，但妇联总是人手不足，在乡级以下从未配备过任何工作人员。在这个方面,妇联的情况与政府部门类似。他们关切村庄里的工作,但依靠村民自己来开展工作。

村里妇女工作机构形式上由妇女代表、妇女委员会和妇女主任构成。县妇联的工作人员向我描述说,每30个妇女劳力中挑选一名妇女代表,妇女代表的年龄在16至45岁之间。这些妇女代表组成了妇女代表委员会,即"妇代会",她们还选举三到五名妇女组成妇女委员会,后者的人数取决于村庄的大小。这些委员会成员间接选出一个妇女代表委员会主管,即"妇代会主任"。在当前的实践中找到这样的正规结构和做事方法是有可能的,因为地方政府正朝更正式的政府结构和基层选举的方向迈进。然而,我不曾观察过这些在实践中是如何运作的,而且,村一级妇女提供的描述多少有些差异。

在我造访过的所有村庄,都不曾碰到过妇女代表委员会作为实际的代表机构。我的理解是,通常的做法是召开一般村妇的大会,而不是代表大会,尽管实际上并不指望所有妇女都来参加。"妇女代表委员会"一词应被广义地解释为,它指村一级有组织的妇女工作的一般结构,而不是指一个特殊的正式机构。

较小的妇女委员会也可以找到,其活动水平也各不相同。然而实际上,村里所有与妇女组织有关的工作都是由妇女主任来负责的。因此,妇女主任是村里妇女与社区与更大范围的妇女工作,乃至与妇联之间的关键性纽带。妇女主任要通过在村内的组织渠道完成工作,吸引村里的妇女参加会议及其他活动。

在入户访谈时我系统询问了妇女们与村里妇女组织的联系,这一部分是因为我对于有关妇女工作和妇女委员会的公共话语感兴趣,一部分是因为我很想找到户与户之间和超越农户的社会组织中的性别差异。我使用了妇代会这个术语,但进行了扩展,包括了与之相关的所有形式的活动。表5－1、表5－2和表5－3概述了我在1989、1992和1995年的正式户访中对所做调查的回答。因为我最初被告知所有妇女都参与了活动,而且这个村的妇女工作具有良好记录,对我户样本中的每个妇女进行这个调查似乎是合适的。但我很快就发现,参与活动的妇女人数非常有限,尽管这不是一个程序问题,包括30个妇女中选一人的问题。

表5－1　1989年槐里村参加妇女委员会工作的情形　　82

年龄(岁)	参与妇女委员会				
	没有参与	只参加会议	会议及更多参与	委员会成员	无数据
年轻、未婚	4	4			7
不到29,已婚	5	3	1	1	3
30—39	3	11	1	3	0
40—49	3	5	0	1	2
50及以上	8	1	0	0	0
合　计	23	24	2	5	12

表5－2　1992年槐里村参加妇女委员会工作的情形

年龄(岁)	参与妇女委员会					
	没有参与	只参加会议	会议及更多参与	委员会成员	较投入是个模范	无数据
年轻、未婚	2	1	1	0	0	1
不到29,已婚	2	1	6	2	2	3
30—39	1	2	13	1	3	1
40—49	4	0	1	1	1	4
50及以上	2	0	1	0	0	3
年龄不详	0	0	1	0	0	1
合　计	11	4	23	4	6	13

表 5-3　1995 年槐里村参加妇女委员会工作的情形

年龄(岁)	参与妇女委员会						
	没有参与	参与计生	只参加会议	会议及更多参与	委员会成员	较投入是个模范	无数据
年轻、未婚	11	0	1	1	0	0	0
不到 29 岁,已婚	1	1	2	2	1	0	0
30—39	3	1	2	5	1	3	3
40—49	3	2	2	3	2	1	4
50 及以上	8	0	0	1	0	0	3
合　计	26	4	7	12	4	4	10

83　　　　有几类妇女被系统化地排斥在外。年龄较大的妇女在其儿子结婚娶了媳妇后就会被排除在外,除非她们或其家庭为村里的妇女工作作出过特殊贡献。一位老年干部的妻子(她有个女儿担任过妇女主任)曾指出,有一些非正规压力迫使老年妇女离开。她说,如果她们参加活动,会被其他妇女嘲笑的。年轻的未婚妇女通常也被排除在外,这或许是因为她们年轻并有可能即将离开村子,但大概也是因为妇女组织的一些工作以及会议的内容中包括了计划生育政策等。年轻的已婚妇女最初并没有成为妇女组织的吸纳对象。妇女组织最积极寻求的那类妇女是年龄稍大的已婚妇女,她们在新家已确立了稳固地位,并且通常经营着自己的核心家庭。这些妇女已有一个或两个正在上学的孩子。实际上,通知妇女开会的一个标准方法是通过村里学校的公告向家庭传递消息。这个年龄组已婚妇女对于其家庭的经济福祉至关重要(因而也是"双学"活动的对象),也是计划生育政策的主要关注对象,计划生育政策部分是通过妇女组织来促进和实施的。

　　妇联更希望妇女参加村一级会议的比例更高些,在妇联干部陪同我走访农户的时候,讨论和解释了妇女参与有限的这个问题。在这些讨论中,如上所述各类妇女被习惯性地排除在外的问题浮现了出来。村里的妇女谈到她们与妇女委员会的关系也证实了这点。这些讨论从若干意义上讲都是发人深省的。

　　从官方角度来看,显然是要号召妇女参加会议,有时还号召她们参与额外的活动如庭院经济,这是参加作为国家发起的政治活动的一部分。尽管我所有的信息都只涉及改革开放时代,但这与长期以来要求参加政治学习会议的做法一以贯之。理想的期望显然是每户(只)派一名妇女作为代表。给我的印象是,她们参加这种活动在很大程度上通常不过是为了遵守官方的要求而已。但即便是这种程度的遵守也绝非普遍,不得不靠争取才行。有个村妇将纯粹参加些会议描述为自己"挺积极"的参与,这揭示了吸引妇女更积极参与活动的困难。

　　至于妇女自身,许多人对于她们与妇代会关系这个主题完全一无所知,或者说她们根本没有意识到这个标准官方术语。实际上,除了1992年的妇女主任是个明显的例外,甚至没有一个陪同我的干部试图去解释那个概念,而前者大概是想让我了解村里妇女组织的实际运作。她阐述这个问题时是告诉妇女们,我指的是她以及她与村里妇女们(咱们)一起开展的活动。在很多情况下,个人网络和个人关系比正式会议与组织更能吸引妇女参加会议和活动。1992年的活动率特别高(参见表5-2),这是因为这个妇女主任不知疲倦地做每个妇女的工作,吸引她们加入当时的"双学"活动。在其他年份,某些妇女主任显然也有类似的非正式联系,尽管不那么广泛。

　　大多数村妇没有参加过会议,或仅仅出席个会议而已。对表

5-1、表 5-2 和表 5-3 中的资料应该这样解读,我的样本中包括了村里所有最活跃的妇女,"无数据"的情况可以毫无疑问地被归入最低限度参与之列。许多妇女在任何情形下都不是目标人群,而其他许多妇女或者毫无兴趣或者对参与有抵触。一些妇女表示她们的家庭经济活动太忙了,这是被普遍接受的不参加活动的一个颇为正当的理由,虽然妇女组织确实尽力让经济上最为成功的妇女参与进来帮助较贫穷的妇女并参与培训。

那些参加会议不仅仅是为凑个数而已的妇女们说,她们参加了一系列活动。许多人报告说,特别是在早些年,在 20 世纪 80 年代参加了某些课程或参与了庭院生产,或在 1992 年参加过与"双学"活动相关的类似培训和生产性工作。1992 年,有人偶尔提到法律教育,还提到当时的妇女主任是一个普法模范(系地区级的较高级别的模范)。但是,法律教育未必指的是或仅仅是指 1992 年的《妇女权益保障法》。它还指有关缴税的法律规定,这在农村集体解体之后是一件难事。① 1995 年,当庭院经济已退却,槐里村的妇女工作不那么强调"双学"时,村里妇女提到她们与村里妇女组织的联系时,其中许多都具体提及税收和计划生育政策。

我们不可能准确评估妇女组织对妇女行为的影响,因为妇女参与任何被鼓励的活动,其动机多种多样很难厘清。在下一章中将对此进行更详细的讨论。这里我只想指出,我基于观察的印象

---

① 在集体化时代,税可以向集体征收。集体解体之后,市场经济生机勃勃,税主要是从农户征收的。取代集体的当地政府机构是收税的一个渠道,对于征收农业税或多或少可能是卓有成效的。对于自己创业的尤其是经商的农户,评估其收入和纳税义务更为困难。这个活动领域是槐里村一个主要的增长领域。劝说人们自愿纳税在这个村里可能一直特别重要。这也是整个乡的一个主要关切事项。

是,任何特定时间积极推动的活动都有相当数量妇女参与其中,但她们的参与仍取决于积极的动员,并没有真正落地生根。即使是相对受欢迎的有增加家庭收入潜力的庭院经济生产活动,更多证据也表明,比起后来那些年,它恰好是动员的一个优先目标。妇女及其家庭可能更喜欢将庭院用于其他用途,或用于其他途径搞创收,甚至更多用于休闲。选择是多种多样的,未必与总体的国家政策相符,特别是未必与妇联的目标一致。诸如纳税和计划生育之类的政策获得积极支持的可能性就更小了。

还应当指出的是,一些农村妇女确实从特殊政策主要是经济政策中看到了益处,愿意并积极投身其中,而多数妇女的漠不关心甚至消极抵触仍构成了一个组织上的挑战。已有的影响农村妇女的正规机制是妇女委员会。每个村都可望有一个妇女委员会,尽管它们并非总是十分活跃,但实际上通常每个村庄都建立了妇女委员会。我在槐里村的整个访问期间,它确实都有一个妇女委员会,其成员可见表 5 - 4。

妇女委员会的成员是应村领导实际上是村党支部书记的要 *87* 求而担任的。对委员会成员的要求并不繁重,但要看是否有参加会议和促进官方政策的意愿。这可以解释成员中何以主要都是具有官方联系的妇女,尽管与村领导的个人关系也很重要。有一些迹象表明,村里任何时候愿意参加妇女工作的妇女都比实际在委员会任职的要多。有时给我这样一种印象,个别妇女参加了官方的项目,但没有进入委员会也没有受邀担任妇女主任,这会给她们的心愿带来挫败感。妇女委员会本身在很大程度上就是一个举行会议和参加会议的机构,据说在最活跃的时点,每月开会一次或更多次。委员会成员也被期待积极参与各种官方运动或妇女组织的当地活动,总体情况就是这样。

表 5－4　1988、1989、1990、1992 和 1995 年槐里村妇女委员会的成员

描　述	年　份				
	1988	1989	1990	1992	1995
1982—1988 年的妇女主任；是个有干部背景和县城工作经历的老年妇女；1988 年恢复城市户籍后离开槐里村	X				
年轻的已婚妇女，她与丈夫在村里成功经商；当丈夫离开村里就任一个更大企业的管理职位后，她成了一个富足的家庭主妇；妇联考虑让她担任妇女主任，但她后来离开了村庄	X	X	X		
1988 年是妇女委员会成员，1989 年担任妇女主任；她是退职村干部的女儿；离婚后回到娘家村里，直到前往县城工作	X	X			
村里唯一的女党员，在娘家村入了党；身体不佳；不是很活跃	X	X	X	X	
个体企业家；在妇女组织中很活跃，一度被考虑担任妇女主任并入了党	X	X	X	X	
村里最早的女企业家之一，经营着成功的餐馆		X	X		
1991—1993 年的妇女主任；是成功打入一个传统的男性商业部门的年轻妇女；活跃的企业家；模范；嫁入了一个离休干部的家庭；被考虑过发展入党；离开村子到城里经商			X		
自学的裁缝，后来成了店主；年轻时是团员			X	X	
为了更好的经商场地，住在娘家村（不是入赘婚）；成功的女裁缝，自愿为村里妇委会教缝纫；与几个学徒一起经营，生意兴隆；后来开了店铺			X	X	
1994—1995 年为妇女主任和村计划生育工作者					X
1988 年起是养鸡和养猪的成功企业家；是模范					X
与丈夫一起经营饭馆的厨师；是村干部的妻子					X
做粮食生意的企业家					X

也有相当多典型人物,特别是庭院经济和"双学"活动中的典型,并没有被吸收到妇女委员会当中,但她们时常被号召支持官方活动。特别是,这些妇女被要求帮助贯彻与市场活动有关的政策,这些政策旨在帮助妇女摆脱贫困并实现富裕。或者为了公共目的而需要成功范例的地方,也会对这些妇女提出要求,其中包括向上级官员做汇报等。实际上,妇女组织的许多工作都有赖于吸纳妇女委员会这一正式结构以外的这些妇女参与到村里的妇女工作中。

槐里村有个时不时开个会的妇女委员会很重要,但这个妇女委员会以及妇女工作所依靠的更大妇女圈,都有赖于村妇女主任的领导和动员。说到这种依赖,槐里村与其他农村的一般情况没什么两样。妇女主任的作用十分关键,承担这些角色的妇女对于在农村实现妇联的策略至关重要。

妇女主任

88

当妇联或国家的任何其他机构想影响农村妇女时,它主要是通过村妇女主任这一机制来实现的。从原则上讲,中国每个行政村都有一人担任这个角色,这一职位通常是填满的。与村里担任领导职务的其他所有人一样,妇女主任持有农村户籍,依赖农村的收入来源。她的农村户口意味着她不是妇联的正式工作人员,而且永远也不会成为妇联的工作人员。然而,妇联的工作能在多大程度上进到村里,要通过妇女主任来实现。仅在山东省,1995年就有 87 475 个行政村,除大约 200 个行政村外,几乎所有村子都有一个在位的妇女主任(总有少数职位空缺的情况)。这是国家可以加以利用的一个非常庞大的人群,在任何一个特定的村庄中，工作完全依赖这一个妇女，因为她提供了国家（包括妇联）与村妇之间唯一针对妇女的渠道。从策略角度说，这一人数庞大的妇女群体处于社区-国家之间的接合点上，妇女主任的招收、培训和动员成为妇联农村工作的主要重点，也就不足为奇了。

简要回顾一下 1988 至 1995 年槐里村的历届妇女主任，可能有助于揭示一些问题。我在村里遇到的第一个妇女主任是其时46 岁精力充沛的一个女性。她是一个生产队长的女儿，于 20 世纪 60 年代初搬到一个镇上工作，并获得了城市户籍。她的工作单位在 1966 年被解散，未受过教育的妇女们被遣返农村。在那时候，她和她的孩子们不得不回到槐里村跟她婆婆一起生活，尽管她丈夫作为一名有城镇户口的退伍军人，保留了他在省内其他城市的工作，她丈夫一有工夫就回来。当我遇到她时，她已为自己及其孩子们成功地改回了城市户口，不久就要去城里与丈夫团聚。也许，她更广泛的经历及其家庭的政治背景，使得她适合担任妇女主任。她当然有能力、有活力，而且对妇女工作充满热情。然而，她的背景比较特殊，以至于很难将她留住，事实上她本身也是取代了 1982 年离开村庄的一个妇女的。她属于较老的一拨妇女，所受的教育相对较少，最终发现自己不那么受妇联的青睐。到了 20 世纪 90 年代，妇联提倡较老的妇女主任退职，让位给更年轻的受过教育的妇女，后者可以获得技术培训并引领和推动"双学"中的技术培训。

1989 年，妇女主任是一位高中毕业的二十多岁的妇女。这个妇女以前曾是妇女委员会的成员，除受过教育外，她的优势还在于她是该村一个备受尊敬的前生产队长的女儿。在离婚期间，她与儿子一起暂居在村里，她得益于娘家人的支持，正准备再次离开村子。她计划在乡里或城里找个工作并再婚，到 1990 年，她已搬到了县城。或许是因为她仅短暂返回村庄居住而且压力较大,抑或由于她安静而且颇为害羞的性格,她不像前任妇女主任那么活跃。

　　1990 年,妇女主任一职出现空缺,村党委正积极考察至少两位潜在的候选人。最终任命的这位妇女到 1992 年已取得了显著成功,并表现出当时提倡的许多素质。她二十多岁,嫁给了前村主任之家,她具有初中文化,并且强烈倾向于注重市场。她最初成名是因为小生意经营得有声有色,这在当时仍是男性专属的一个领域。很大程度上正是基于此,村党支部书记选择她当了妇女主任,以便满足要求每个妇女主任都有一个经济项目的现行政策,所以允许她从村里租用一小块未分配的土地来种树苗。这个妇女极其努力,而且雄心勃勃,为了在新岗位和她自己的经济活动中取得成功,兢兢业业。她确实是 20 世纪 90 年代妇女主任所追求的素质方面的榜样。她得到一个对口的乡妇联干部的一些助益,比如帮她准备报告和其他书面材料,据我所知,她是槐里村唯一一个这么做的妇女主任。这个妇女通过吸引个人并与村里许多妇女并肩工作积极推动"双学"活动。这使她作为妇女主任 ^90^ 格外成功。在她短暂的任期内,槐里村的"双学"活动可能达到了其巅峰。尽管被树为地区一级普法活动的模范,并被提名为预备党员,但她还是在 1993 年离开了槐里村,与丈夫一起在天津独立经商。村里为她保留了一年这个职位,以备她决定回来。尽管她的孩子们留在槐里村跟爷爷奶奶一起生活,但她的生意似乎做得很好,她最终没有回到村子里。她的情形揭示了影响妇女主任招聘的一个普遍性问题。招收的目标是寻找那些自己能在市场上取得经济成功又能在这个方向上带动其他人的女性。但她们必须不那么成功和忙碌,否则她们就没有时间从事官方工作,或者她们会择机离开村庄。那些业已成功的女商人,如专业户中的妇女,虽然通常被要求去为妇女工作助力,或者被树立为典型,但很少被招聘为妇女主任。

1994 年底成为槐里村妇女主任并于 1995 年仍在职的这位妇女,代表了 20 世纪 90 年代的另一种可能性,尽管采用的标准与前几年相同。到了 20 世纪 90 年代中叶,该县非常积极地鼓励妇女主任同时兼任村里的计划生育工作者。这在很大程度上是作为给她们提供酬劳的手段,因为乡政府会为计划生育工作付酬,而妇女主任则必须由村里来出资。这样可供选择的妇女有可能很有限。接受这个职位的妇女接近三十岁,有一个六岁的女儿和一个五岁的儿子,她似乎愿意也有能力开展当时要求的计划生育工作。1995 年,她在村里所做的大部分工作或涉及计划生育或鼓励经商的妇女纳税。在这个村子里主要是小商贩。她参加了一些当地农村函授学院为妇女开设的养鸡课程,但她的主要精力并没有投入"双学"工作。她的工作能力强,也很认真负责,但这个村子的工作已转向了更行政化的方向。

村一级妇女工作面临的一个棘手困难,是招收并留住合适的妇女。正如槐里村近期的历史所揭示的,那些最有能力而且最合适的妇女很可能还有其他机会,包括离开农村的机会。要找到在这个职位上表现良好,还不至于太忙于其他工作(对于经营家庭企业的妇女来说通常很忙),而且不会旋即就离开村子的妇女,是一个巨大的挑战。妇联对此很关切,将它视为发展其组织基础的一个关键性问题,但妇联不能够直接控制妇女主任的招聘或招聘的条件。

尽管正式文献偶尔会描述,妇女主任是由妇女委员会选举产生的,在实践中某些时候和某些地方也确有可能发生,但实际上她是由村领导,即党支部书记和党支部选择的。在妇联直接参与某个村庄妇女主任选举的情形下,妇联可能会提出意见或与村领导协商,但后者没有义务服从妇联。村里的政治领导人负责选拔妇女主任,并监督和支持她们的工作。被选出来担任这些职务的妇女都是村领导信任的妇女,她们愿意在村领导的指导下承担额外的会议与工作的负担。妇女主任的报酬通常很少;她们并没有真正融入乡村社区以男性为中心的领导结构之中,很少得到或压根儿得不到任何物质酬劳。这些状况导致了妇女主任的边缘化以及在其业余时间做妇女工作。其结果是,妇女主任的人力资源表面看起来很强大,而现实中却很薄弱。

妇联一直试图改变这些状况并影响对新一拨妇女主任的遴选。她们在很大程度上是靠做跟自己同一级别的政治领导的工作,因为每个妇联都在其同一级别党委的领导之下。妇联也说服党把加强妇女主任的网络作为其基层工作的一部分。在陵县,这是到1994年才实现的(陵县妇联,无日期,[1995]),而变化的背后则是妇女主任级别的改变。

将妇女纳入村级政治领导之中是妇联的长期关切事项之一。20世纪90年代采取的形式是要求妇女进入"两委"。这实际上转化为一种要求,即如果妇女主任是党员的话就进入村党支部,要是非党员就进入实权较小的村民委员会。在20世纪90年代初,陵县两委中妇女主任的比例急剧增加,到1995年,县妇联报告说,该县986个村庄中有807个村庄两委中都有妇女。在槐里村,这一直不是一个优先考虑事项,先前的妇女主任没有任何人进入过两委。1995年有人告诉我,妇女主任已进入到了村民委员会,但当时正值村领导处于缺乏党支部书记的交替期,所以,妇女主任的进入可能意义不大。

这些年来,陵县非常关注妇女主任的薪酬问题。薪酬被认为会直接影响妇女工作的开展。曾长期任职的一些离任妇女主任获得了退休金,到 1995 年,全县已达到 166 人。这与近来为其他乡村干部提供退休金的举动是一致的,但在妇联看来,能够更新妇女主任的级别也是一个重要因素。更大的问题之一是说服村里为在任的妇女主任提供报酬。由于任何这类报酬都不得不直接来自村里,并对村里的纳税人征收额外的费用,妇联因此不会轻易提出这一要求。但到 1995 年,妇联说服了多数村庄都给妇女主任支付了一些报酬。据悉,在陵县 749 个村庄中,妇女主任的报酬差不多是村党支部书记报酬的 50% 或更多。槐里村也不例外,从 1989 年偶尔支付每日误工费,到 20 世纪 90 年代已转变为支付固定的年薪。

然而,由村里付薪酬并不是解决这个问题的完满方案。妇联试图招收新一代受过相对良好教育并具有创业精神的年轻女性,她们将有能力通过率先垂范并通过向他人提供培训和传授技能来引领"双学"活动。按理想的情形,每个妇女主任都要经过进一步的培训,而且这种培训越来越多地通过农村函授学院来进行,并且,每个妇女主任也有自己的经济项目。这类妇女通常非常忙碌,越是成功的妇女,她们所赚取的收入是担任公职所无法与之匹敌的。实际上,在招募男性担任村领导职务方面也存在同样的问题。但是,妇联希望提供充足的资金,使该职位成为一种兼职就业形式,特别是同时与一个创收项目相结合。1992 年,该村将一块土地租给了槐里村妇女主任,便是为这样一个项目提供了基础。

到 20 世纪 90 年代中叶,至少在山东省,妇联已进一步朝着在村一级建立专业工作人员队伍的方向发展。它的实现是通过安排妇女主任同时兼任村里的计生工作者,以便从乡政府那里获得这份工作的额外报酬。这一安排具有行政上的优势,因为国家在计划生育工作方面的主要目标群体就是直接针对妇女的,至少在槐里村和陵县是这样。这与对计划生育工作的日益重视及要求对农村妇女展开密集工作是相吻合的。槐里村1995年以前没有特别重视计划生育工作,但在那一年发生了明显转变,这与该县更广泛的变化是一致的。1995年,陵县几乎所有妇女主任都兼任计生工作者,在966名在职的妇女主任中,有多达889名兼任计生工作者。

除了使妇女主任这个职位更具吸引力,妇联还要求妇女主任比过去更年轻化并受过更多教育。此举旨在提升担任这些职位的女性的基本素质,从而使妇女主任适合承担"双学"领导者的角色。初中毕业被认为是最低门槛,这使她能有效参与所提倡的技术培训,特别是农村函授学院的学习。妇女主任被期望率先参加农村函授学院开办的妇女班,并达到"农民技术员"的标准。[①] 也期望每位妇女主任自己有一个发家致富的经济项目,这样她将能以身作则带领其他妇女。

到1995年,陵县已朝着实现这些目标的方向迈出了相当大的一步。那时,有787名妇女主任年龄在45岁以下,794人至少受过初中教育,628人为合格的农民技术员,787人参加了农村函授学院的学习。除这些更具技术性的资格外,还期望这些妇女主任在政治上是可靠的,并具有在政治上获得提升的潜力。她们中

---

① "农民技术员"的称谓是通过特定的农业技术领域(如畜牧业)的考试获得的。它被分成了若干层次(初级、一级、二级和三级),也可以通过自学而不参加正规课程而获得。1992年我得知,每个村有一到三人有这种称号。增加满足这一标准的妇女人数,是"双学"的量化目标之一。

有 533 人是党员或共青团员（陵县妇联，日期不详，[1995]）。然而，正如槐里村的例子所表明的，这些方面的活动未必顺利。可以选拔出符合这些标准的妇女主任，并鼓励她们参加培训和经济活动，但是，妇女主任像走马灯似的不断更换造成了较大的混乱。如表 5-5 所示，它呈现了槐里村所在乡所有妇女主任的状况，在 20 世纪 90 年代初，绝大多数履职者相对而言都是新人。

表 5-5　1992 年一个乡妇女主任的年龄、教育、政治地位和服务年限

年龄	教育	政治地位 （团员或党员）	服务年限	解释
21	初中	团员	2	幼儿园教师
30	初中	2	2	幼儿园教师
41	初中	3	3	教师
34	初中	1	1	
29	初中	1	1	槐里村
55	小学	党员	27	
37	初中	党员	5	
50	小学	党员	23	
26	初中		1	
38	小学		3	
21	初中		1	
36	初中		1	
22	初中		2	
32	初中		2	
39	初中		1	
56	小学	党员	30	
20	初中		1	
35	初中		1	

94

年龄	教育	政治地位 （团员或党员）	服务年限	解释
26	初中		1	
30	初中		1	
22	初中		3	
26	初中		1	
63	文盲	党员	32	
51	小学	党员	6	
53	小学	党员	27	
20	初中		1	
20	初中		1	
33	初中		2	
21	初中		1	
27	初中		2	
28	初中		1	
30	初中		1	
44	小学		5	
37	小学		1	
42	小学		1	
21	初中		1	
41	小学		1	
37	初中	党员	5	
36	初中	党员	3	
35	初中		1	教师
41	小学		3	
54	文盲	党员	27	
27	初中		1	

年龄	教育	政治地位 （团员或党员）	服务年限	解释
21	初中		1	
23	初中		1	
30	小学		1	
22	初中		1	
36	初中		2	
24	初中		1	
33	高中		2	
30	初中		1	
51	文盲		3	
48	小学	党员	1	
21	初中		1	
38	初中	党员	3	
21	初中		1	
34	小学		2	
37	初中		1	
36	初中		2	
21	初中		1	
27	初中		2	
40	初中	党员	2	乡文化教育办公室
28	初中	党员	2	银行
38	初中	党员	2	供销合作社

注：基于乡妇联的记录，这张表包括了截止到 1992 年槐里村所在乡的所有妇女主任。

95　　　号召要求妇女主任去做的实际工作首先是官方的工作。类似于妇联采用的方法，期望她们充当党联系农村妇女的桥梁。她们可能被号召同妇女一起去实现当前的政治目标和优先事项,无论这些政治目标和优先事项是什么。妇女主任被期望维持委员会和会议的组织框架,这些委员会和会议提供了官方渠道,可以接触到每个村里的妇女群体。这是妇女主任一个显而易见的特征,其官方的角色清晰可辨。她们进而将利用会议和任何其他活动来奉行官方政策。这通常意味着支持一般性政策如征税,也可能是促进明确瞄准妇女的政策,如各种计划生育政策。也期待妇女主任作为非正规的渠道维系当地的女"模范"和其他成功妇女,以便吸引这些妇女来帮助经济工作,其中包括扶贫和"双学"活动。

除了其主流的政治角色,妇女主任还要负责在村一级落实所有妇女工作。这可能包括诸如促进健康家庭("五好家庭")或充当调解人等经常性任务,特别是对那些涉及妇女的纠纷。实际上,妇联和政治领导者希望影响农村妇女的任何特别任务,都需要妇女主任网络来运作。

在某些情况下,村里为妇女主任提供有酬就业,使其履行作为妇女主任的相关具体职责,然而这些任务往往超出了对妇女主任的职责期望。在山东的其他村庄,我遇到过妇女主任同时兼任村里负责妇女健康(含计划生育工作)的护理人员或担任幼儿园老师。① 槐里村不曾为其妇女主任提供过这种工作,尽管某些方面与全省范围内让妇女主任承担计划生育工作并通过乡政府获得报酬的情形类似。槐里村这种情况仅在我1995年的实地考察期间变得较明显。在那之前,我不知道槐里村的妇女主任做计划生育工作(尽管在其他地方这种情况并非罕见)。而且,计划生育

① 学龄前教育在山东省是妇联的责任,但并非所有省份都如此。

工作似乎以前是村里政治领导的责任,主要是党支部书记的责任。① 还应当指出的是,计划生育工作在槐里村并不是高度优先关注的一个事项,也没有严格执行一孩政策,虽然它也没有严重违反该政策。在 20 世纪 90 年代中叶之前,槐里村针对较年轻家庭的惯例是两个孩子,这与国家的目标相当接近。

97 　　然而大约从 1994 年起,槐里村的这一情况发生了变化,那年引入了更系统化的方法来实施独生子女政策。这些方法先前已在其他地方尝试过,但似乎到那时才在槐里村实施。这种方法要求村里的计划生育工作者(和妇女主任)对村里所有已婚育龄妇女甚至包括已绝育的那些妇女,进行持续监测。计划生育工作者按要求必须每月记录每个妇女的行经情况,以便在早期阶段识别出所有妊娠。村计划生育工作者还必须向乡里的计划生育工作人员汇报月经迟来的所有妇女,并在每月底必须向乡里报告所有出生情况。这就要求不断访问这个年龄组的妇女。妇女主任确实很了解这群妇女,她向我保证说,自她上任开始就没有发生过任何未经许可的分娩。我那年进行的大量户访和重访证实,这确实是实际情况。②

　　此外,村里的计划生育工作者负责确保村里的妇女每三个月

---

① 1992 年,党支部书记将我引介给一个妇女,村里当时正考虑任命她为槐里村的计划生育工作者。我后来得知,由于她的店铺太忙,她决定不承担这个角色。

② 鉴于该主题的敏感性,除了其他人挑起的一些讨论,我在任何时候都没有询问过槐里村的计划生育实践,多数讨论都与 1995 年活动中的这一变化相关。然而,我对农户的关注意味着我开始觉察到了生育模式,并对我访谈过的所有农户的孩子情况做了详尽记录。我相信我采用不令人反感的方法意味着,我得到了关于家庭构成的准确描述。这也是 1995 年的情形。当然,严格执行一孩政策那时比较短暂,只有一年时间。一些生育是否有可能被推迟了,我不得而知。甚至在那时,二孩在某些情况下是被允许的。1995 年的政策变化是,假如一个妇女的第一个孩子是个女儿,如果这位母亲至少有 30 岁,而且事先获准怀孕,那么,这个妇女被允许生第二个孩子。当时还没有一个村可以生多少孩子的配额。

参加一次乡里要求的体检。这能及早发现怀孕并按要求中止未经批准的妊娠,这确保了这项工作是乡政府而不是村计划生育工作者或妇女主任的责任。这套做法提高了独生子女政策的有效性,并降低了大月份引产的频率。但这是以严格密切监视女性身体为代价而实现的。

我有些惊讶地发现1995年任职的妇女主任向我描述过这项工作。我本以为妇女主任主要参与这个领域的经济工作,与我一起工作的妇联工作人员一直重点强调"双学"工作中她们新政策方向的长处,即依靠妇女自愿参与妇女工作,并积极回应农村妇女所表达的走向富裕的优先目标。

考虑到"双学"的特征是自愿的和市场导向的,而计划生育工作的特征是行政命令性质的,我问过妇联的工作人员,要求妇女主任同时兼任计划生育工作者会不会在她们的工作中造成问题。与我讨论这个问题的妇女没人否认这两种工作有不同的特性,但所有人都认为它们在妇女工作中可以兼容,并且确实是兼容的。从某种程度上讲,必须在这样一种背景下来理解这一点:即妇女工作以及生活的许多其他方面都处于官方的政策限制之中,而中国妇女和男性都没有想过摆脱这些限制。妇女工作不遵循国家政策是不可思议的。但很可能的情形是,这些政策分歧在妇联内部更高行政级别上更易于解决,因为那里的工作人员是传达和监测许多政策而不是直接与农村妇女打交道。我本人还没有遇到过一个这样的案例,即妇女主任积极且有效地贯彻"双学"和计划生育两项政策,虽然我不能排除这种可能性。[1]

妇女主任的职责是那么庞杂,以至于她们在做工作时必然无

---

[1] 就单个人一次能精力充沛地执行多少政策而言,当然也存在实际的限制。

法面面俱到,必须有所选择,尽管关注职责中的哪个部分并不是妇女主任自己来决定。这个决定将由村里的政治领导者根据当地政治的优先事项做出。这可能包括了对妇联妇女工作中当前活动的关注,虽然情况未必如此。缘此之故,至关重要的是妇联找到方法,以便使它们更牢固地嵌入地方政治进程和政策制定的主流。"双学"便是当前为达这个目的而采取的主要策略之一。

99 这也是妇联与时俱进的一个关键性因素,妇联正在履行其持久的核心职责之一,即妇女参与市场并动员妇女为全国经济目标作出贡献。

"双学"活动需要妇女主任方面投入大量的精力。她们被号召在培训和经济活动中发挥主要作用,并规定了许多具体任务和监测目标。这对招收并留住妇女主任造成许多问题。除此之外,它还引发了提高妇女主任素质的问题。长期以来,党和妇联一项既定的组织活动就是培养具有潜力的后备领导。在"双学"中,妇女主任作为培养对象的重要性获得了拔高,而且,所灌输的素质是全新的,包括在市场上取得成功的技能。这项工作的责任很大程度上由妇联在农村的最低两个级别来分担,即乡和县妇联。

乡妇联

妇联的正规行政结构,与政府是相对应的,其中乡一级是妇联工作人员的最低级别(见表5-6)。在山东,乡与以前的公社大致重合,这是有城市户籍的正式工作人员最基础的行政级别。处于这一级别的妇联工作人员通常来自农村,但拥有城镇户口使她们可以担任乡或更高级别的政府职务。这一级妇联工作人员不曾从妇女主任中招聘过,因为后者是农村户口。走上这些岗位的通常是刚从中等技术学校毕业的年轻妇女。① 由于乡里通常指派一名或最多两名妇女来妇联工作，担任乡村妇联主任的这样一个人，有可能没有任何相关经验、培训，甚至是对妇女工作不感兴趣的人。

表 5－6　1992 年陵县妇联的工作人员

单位	年龄	教育	政治地位（党团员）	职位
县	45	大专	党员	主席
县	36	中专（农校）	党员	副主席
县	30	中专（农校）	党员	副主席
县	26	中专（纺织）	党员	组织宣传部部长
县	29	（相当于）大专	党员	青年儿童部部长
县	36	一般中专	党员	工作人员
县	31	高中		工作人员
县	21	中专（农校）	团员	工作人员
乡镇1	48	初中	党员	主任
乡镇1	40	一般中专	党员	副主任
乡镇1	29	大专（妇联干部学院）		工作人员
乡镇2	39	中专（党校）	党员	主任
乡镇2	22	一般中专	团员	工作人员
乡镇3	39	高中	党员	主任
乡镇3	22	中专（林业）	团员	工作人员
乡镇4	25	一般中专	党员	主任
乡镇4	23	大专（电工）	团员	工作人员

① 在中国农村，进入中等技术学校的竞争非常激烈，因此能进去是一个了不起的成就。它具有吸引力的部分原因在于毕业后可能给予城市户籍。

单位	年龄	教育	政治地位（党团员）	职位
乡镇5	38	中专	党员	主任;党支部副书记
乡镇5	25	大专(石油)	团员	副主任
乡镇6	34	一般中专	党员	主任;党委会成员
乡镇6	27	一般中专		副主任
乡镇7	30	一般中专	党员	主任
乡镇8	43	初中	党员	主任;党委会成员
乡镇8	23	中专(学前教育)	团员	工作人员
乡镇9	29	一般中专	党员	主任;党委会成员
乡镇9	25	中专(学前教育)	团员	副主任
乡镇10（包括槐里村）	40	一般中专	党员	主任
乡镇11	25	中专(学前教育)	党员	主任
乡镇11	22	中专(学前教育)	团员	工作人员
乡镇12	25	中专(学前教育)	团员	副主任
乡镇12	25	大专(农业)	团员	工作人员
乡镇13	38	高中	党员	主任;党委会成员
乡镇14	25	一般大专		副主任
乡镇15	44	中专（妇联干部学院）	党员	主任;副乡长
乡镇15	24	中专(学前教育)	党员	副主任
乡镇16	38	一般中专	党员	主任
乡镇17	38	一般中专		主任
乡镇17	23	大专(建筑)	团员	工作人员
乡镇18	34	中专(农校)	党员	主任;党委会成员
乡镇18	24	一般大专	团员	工作人员

单位	年龄	教育	政治地位 （党团员）	职位
乡镇 19	43	中专（农校）	党员	主任；副乡长
乡镇 19	25	中专（学前教育）	党员	副主任
乡镇 20	44	一般中专	党员	主任
乡镇 20	22	一般中专	团员	工作人员
乡镇 21	38	中专（农校）	党员	主任；党委会成员
乡镇 21	23	一般中专	团员	副主任
乡镇 22	47	中专	党员	主任
乡镇 22	24	中专（学前教育）	团员	副主任
乡镇 23	50	中专	党员	主任；党委会成员
乡镇 23	28	一般大专	党员	副主任
乡镇 24	51	初中	党员	主任
乡镇 24	25	中专（农校）	党员	副主任

　　虽然处于这些职位，乡妇联的工作人员可能实际上很少有时间从事妇女工作。1992 年，陵县妇联主席汇报的一项调查结果表明，基层妇联的工作人员，即县和乡镇两级的工作人员（其中绝大多数在乡镇），每人每年有 200 多个工作日花在一般性的政治和行政工作上，如征税和计划生育。有别于妇女工作中"软性"（弹性）的任务，这些工作被认为是"硬性"（必需）的任务，而前者必须在剩下不到三个月的时间内完成（杨桂荣，1992：16）。这意味着除了缺乏准备，工作人员几乎没有机会边干边学，或者根本没有时间来做妇女工作。

　　除这些障碍之外，乡里的工作人员包括妇联的工作人员，还频繁调换轮岗。公务人员的频繁调动是中国的一个长期做法，想必这一做法有很多优势，它使公务人员与国家的联系比与地方网

101

络的联系更为紧密。就政策的稳定执行而言，它也存在劣势。我
找到了一些个人案例，她们早年在乡妇联工作过很长时间
(1958—1974 年和 1982—1989 年)，虽然到了 20 世纪 90 年代似
乎有了明显转变，改成了三年一个任期。妇联期望的理想安排
是，这一级的工作经验将为妇女在地方政府主流中担任更重要的
职位做好准备。1992 年，我获悉，陵县每年将有七到十次这样的
晋升机会，这似乎是寻常的职业道路。在更高级别的妇联，人员
配备稀少，无法提供许多职位空缺。妇联此时的中心关注点之
一，是为更多女性担任主流公职做准备。乡妇联的工作被确认为
是一个主要的训练场，为有可能闯入乡政府其他职位的妇女做点
准备。参与乡一级国家的一般性工作达三年，再加上一些妇女工
作和相关培训，这是为有培养前途的妇女迈向下一步所做的有效
准备。正如妇联的一位高级干部跟我交谈时指出的，只提拔能力
更强大的人员并不可取，较弱者至少也得流动。到了 20 世纪 90
年代，这一级别人员配备的连续性并不是妇联的一个关切事项或
目标。

　　值得一做的是在乡一级培训妇联工作人员。陵县妇联主席
建议每年进行多达 45 天的培训(杨桂荣,1992:17)。一个更现实
的目标是，在冬天工作不那么忙碌的时候，召集乡里工作人员进
行为期两或三天的培训，但即便这样也并非总能做到。在我最为
熟悉的乡里，我没有发现提供过任何这类系统化的培训，尽管伴
随时间的推移，妇联的工作人员确实变得更有见识了。

　　无论如何，从事一般性的妇女工作，特别是"双学"活动，关键
的一级并非乡妇联。该乡有 61 个村庄,1992 年,年龄在 18 至 60
岁之间的妇女约有 9 800 人。不能指望这个乡妇联为数不多的
新来工作人员能够直接与如此众多而分散的妇女一起工作。相

反,乡妇联只是提供了一个渠道,更高层的政策据此可以用面对面的方式传达给从事实际工作的村妇,即妇女主任,以便她们根据自己本地的成功模式酌情采用。乡妇联的主要责任就是提供这一渠道。涉及培训时,活动将由妇联组织,教学工作则由乡技术人员(负责与"双学"相关的生产性工作),或者由县妇联的工作人员来做(负责政策和妇女工作有关的问题)。场地通常由乡党校提供。

　　在理想的情势下,乡妇联的工作人员也为村妇女主任提供进一步的监督和培训。例如,陵县有 24 个乡级单位,如果要做这项工作的话,通常必须在乡这一级来完成。从实际的角度来讲,这只能由更有经验和能力的工作人员来完成,即便如此,监督与培训通常也只能通达政治领导力相对较强的一些村庄中能力更强的妇女主任。①

　　乡妇联工作人员要保留书面记录,其中包括妇女主任及妇联的各种现行活动如"双学",并将这些记录提供给县妇联。妇联也努力为妇女主任和乡妇联工作人员引入了具体的工作标准,对前者主要通过乡妇联实施,对后者则通过县妇联来实施。《1994 年乡镇妇联岗位目标责任制评估标准》(见附录)揭示了妇女运动中对基层工作人员提出的详细要求,以及促使她们为满足这些要求而提议的机制。诸如此类文件提到工作的范围和数量虽然很少能得到充分实施,但它为评估工作人员,确定应被替换的工作以及评选"优秀女干部"提供了基础(陵县妇联,1994:10)。诸如此

---

① 一个村要是没有强大的政治领导,就很难完成任何官方的政治任务,所以通常不会去尝试这么做。在任何时点上,总有一些村落会出现领导岗位的临时空缺。在开展任何其他举措之前首先要解决这个问题。妇联对于选择能力强的妇女主任也有兴趣,但选择权不在她们手中。

类的机制旨在将监管制度化，并激励在每一级从事妇女工作的人对下一级施加压力，以便产出可汇报的结果。

县妇联

县是妇联关键性的地方级别。部分原因在于国家的县一级对于当地政治进程起着决定性作用。县下面的乡镇或县上面的地区都没有在当地事务中占据如此重要的角色。妇联的许多工作在于努力去影响县级地方当局支持妇女工作。诸如给妇女主任重新定级、妇女进入乡镇和村级的政治职位以及为"双学"培训提供资源等关键性措施，都有赖于来自县级政治领导的政治支持、人力和物力资源。

县一级之所以重要，还因为这是充分集中妇联工作人员得以开展妇女工作的最低级别。1988 年，当我第一次去陵县时，该县妇联有 10 到 11 名员工，其中有几人还非常年轻，大部分工作和职责都落到三四名妇女身上，即县妇联主席和副主席的身上。1992 年，工作人员的人数略减，降为八人，到 1995 年又进一步降为六人。与下面要讨论的更低级别一样，县级工作人员的流动性相当大，其人数在任何时点上都未必与核定人员编制相匹配。工作人员数的减少与精简公职人员规模的总体政策是相一致的：1992 年，官方人员编制为九人，1995 年为五人，后来又增加了两个做儿童工作的职位。这个人员数字不大，但官方认为至少足以指导县内的妇女工作。

年度工作报告和来年的工作计划始终表明，妇联关注所有妇女工作的常规任务以及当前的官方举措。当然并不是每件事情都能面面俱到。就陵县来说，这些年的日常事务主要包括：回应妇女个人的求助请求,要么是官方公务,要么是家庭问题;1992年《中华人民共和国妇女权益保障法》(下文称作《妇女法》)颁布之后,更加关注妇女的合法权益,特别是妇女离婚后获得住房①以及买卖婚姻问题;对妇女的普法教育,包括但不限于《妇女法》;提高妇女在选举与非选举的公职中的代表性;针对县城和城镇妇女的工作,其中包括努力将计划生育政策扩展到流动人口以及涉及学龄前儿童的工作。

　　正如文件、访谈及对其工作的观察所揭示的,陵县妇联的主要关切点是经济发展和加强组织建设两个领域。陵县是一个地处内陆以农业为主的县,位于与河北省接壤的相对贫困的德州地区。尽管山东省是一个沿海省份,但像德州等地区并没有充分分享与沿海省份相关的繁荣,实际上,经济上的成功总是不平衡的。农业不是经济繁荣的一个途径,德州地区改善经济状况一直比较困难。在我研究项目开展的几年时间里,通过世界银行的一个水利控制项目,陵县的农业基础设施得到了一些改善,尽管这导致了若干社区(含槐里村在内)可耕地的重大损失。在 20 世纪 80年代后期,对谷物和棉花种植的严重依赖,导致多样化经营受到了限制。陵县县级企业和其他乡镇企业的实力无法抵挡 20 世纪90 年代初乡村企业的大规模关闭潮,这给地方政府和家庭都带来了巨大压力。② 但到 1995 年,向经济多样化迈进以及与天津

---

① 这是城里出现的问题,这里包括县城,因为国家分配的住房一般是通过丈夫工作单位来分配的。

② 紧随 20 世纪 80 年代末的经济与政治危机,中国经济"冷却"更为剧烈的后果之一,是约有多达 100 万乡镇企业倒闭了。1992 年我重访了 20 世纪 80 年代做过研究的三个离得较远的山东社区。我发现,坐落在较富裕地区,而且有蓬勃发展乡镇企业的两个社区都很平安地度过了这个时期。相反,在基础弱得多的陵县,它的乡村工业几乎被摧毁。这显然加速了该县战略的重新评估与变革,这个战略建立在农业优势之上,到 1995 年这种优势仍很明显,参见 Judd(1994,1997)。

106 日益紧密的经济联系,为该地区带来了机遇。在这种情境下,迫切的本地需求加上侧重于增长的国家优先目标,使得发展经济成为陵县官方的头等大事。鉴于该县以农业为主的特性,需要集中精力提高农业生产力,并使生产多样化,即从谷物和棉花转向各种经济作物尤其是蔬菜的种植。此外,陵县与全国的模式一致,即男性越来越多地转入非农工作,而少人问津且报酬较低的农业工作正日渐女性化,其中60%或更多的农业工作由妇女完成(参见 Judd,1994,1999)。因此,县妇联的当务之急是将农村经济工作当作优先事项,这既与妇女自身的生活利益攸关,也和陵县的经济发展目标息息相关。

这实际上意味着按照国家政策要求的路线首先要促进庭院经济,而后才是促进"双学"活动。县妇联于1989年在县政府内部建立了一个"协调小组"。协调小组的组长是县党委副书记,这赋予这个小组一定权威性。副组长是县农业委员会主任(他也是县常务委员会的成员)和县妇联主席。其他17个县级官方机构均由头衔各异的副手担任代表:其中包括农业局、林业局、水务局、乡镇企业局、商业局、粮食局、外贸局、财政局、供销局、教育局、畜牧公司、广播电视局、民政局、科委、科协、农业银行及多种经营办公室。这个协调小组由县妇联办公室管理,这为妇联提供了渠道,可以据此寻求人员(技术培训人员)和物质资源(种子、服务、资金)上的支持,以开展"双学"活动,而且也确实据此在开展工作。尽管无法找到通过这个渠道获得资源的详细信息记录,但可以肯定的是,确实提供了资源,因为在没有其他可用资源的情况下陵县积极开展了"双学"活动。

107 一般妇女工作特别是"双学"活动的一个特色,是任务的艰巨性与所分配资金的不匹配。这种情况在全球妇女组织中较为常

见,但这也有特殊的中国特色。陵县妇女联合会从未拨出过大笔资金。例如,它 1992 年的年度总支出预算为人民币 1 000 元。这一数额不包括工资和召开会议有关的费用,但实际上也排除了"双学"或任何其他重大活动的花销。在此情况下,妇联总是不得不寻求额外的资金。这使妇联总处于必须筹集资金的状态,因而永远不可能直接控制自己的财政状况。通过协调小组执行"双学"活动的安排,仍延续了这种预算安排,并使之进一步制度化了。妇联可以获取资金和其他资源,不过需要参与其中的当地不同部门的政治批准与合作,但妇联将无法独立调用这些资金或资源。

到了 20 世纪 90 年代,在国家提供的可用资金之外,有了一个额外渠道,妇联本身则利用了这一机会。那时开始允许国家单位成立经营创收的经济实体。在某些情况下,这种活动为该单位的成员提供了收入,尽管我不知道妇联的情况。妇联要求其相关部门经营经济实体,这些实体将提供有用的服务,并可以将收入所得用于妇联的工作。陵县妇联有两个这样的实体。其中一个是成立于 1986 年的日托中心,于 1991 年转变为一个经济实体,随后立即创造了 2 000 元人民币的年收入。第二个实体是 1992 年建造的一幢有八个房间的一层房屋,妇联计划将它出租作为办公室或商业用房。该房屋的造价为 1.6 万元人民币。这笔资金部分来自日托中心的收入,县妇联工作人员每人捐献了 1 000 元人民币,这个数字相当于她们几个月的收入。虽然这些捐款将来有望得到偿还,但这是员工为组织作出的一项重要财务承诺。

从原则上讲,这类自筹资金,或许还耕种一些闲置土地,也是 *108* 乡妇联和村妇女委员会可以做出的一种选择。然而,这一做法所需要的资金和工作使之未必具有吸引力。在陵县,除了在县一级,我没有遇到过自筹资金的情况。

妇联能获得的资金和物质资源非常有限并且是附带条件的。这意味着妇联不得不极其严重依靠自身的人力资源。不管在何种情况下,中国的标准做法都是对组织和干部发展的关注,这些都是妇联高度强调的关切事项。我可以确定妇联在任何时期都关心这些问题,但在"双学"期间,关注的强度可能有所增加。

由于妇联不得不主要依靠分散在该县的少数人,对组织和人员的关注因而至关重要。纠正乡或村里工作人员或妇女主任软、散、懒问题的努力,在各地一直此起彼伏地不断开展,成为妇联工作计划中的标准元素。县里的工作人员有时在某些地方也起了直接作用。被称为"联系点"的这些地方旨在作为其他地方可以仿效的范例。联系点也有助于使县级工作人员了解当地最新情况,并培训当地妇女从事妇女工作。这些联系点可用于一般性目的,也可以与某些特定活动相关联。在我开展这项研究的前几年和我整个研究期间,槐里村所在的乡多年来一直是该县的一个联络点。尽管到了 20 世纪 90 年代,另一个乡成为该县"双学"活动的联络点。乡里同样有它们自己在村里的联络点,通常是妇女主任能力比较强,政治领导又比较支持妇女工作的村庄,或者是方便达到乡所在地的那些村子。村妇女主任也有自己的"联系户"。实际上,在一个层级实践过的组织策略可以在下一个层级被复制。不过,县级工作人员的直接参与,与其说是惯例,毋宁说是个例外。多数工作有赖于提高乡工作人员和妇女主任的能力。这个任务往往以几种不同方法同时进行:一般性的教育和培训、管理监督与评估,以及政治发展。

109 到 1995 年,县妇联工作人员本身都受过相当好的教育:妇联主席是大专毕业生,一个职位较低的工作人员是一名高中毕业

生,其余全部是中专技校毕业的。一些工作人员以前或当时正努力获得更高学历,她们或兼职学习或在职学习。此外,针对每一级妇联干部都有制度化的短期培训体系。山东省妇联经营着一个省级的重要培训中心。该中心属于全国妇联妇女干部管理学院的一个分院。县和乡级的妇联工作人员都有机会被派去参加这所学院的短期课程,每年都会选一些人参加这一培训。培训的内容包括普通教育(写作技能),工作技能(管理)及与妇女工作相关的知识。

县妇联负责培训乡妇联的工作人员和妇女主任。自 20 世纪 80 年代末以来,一直为乡一级具有从政潜力的妇女工作人员举办为期一周的培训课程,即对乡妇联所有工作人员以及准备担任官职的其他妇女进行培训。该课程由党委组织部和妇女联合会共同举办,内容包括政治教育、领导力培训以及有关妇女工作的背景知识,如中国的马克思主义妇女观和妇女运动史。

我还得知,该县每年组织两次针对妇女主任的为期一天的培训会。在每次培训中,四五个乡的妇女主任集中在一个乡里,由来自县妇联的某个人给她们讲话。半天时间用来介绍当前妇女工作如"双学",或加强组织建设,以及当年的妇女工作计划等信息。剩下的半天时间包括某种形式的简易技术培训。在对妇女主任的培训中,这两项内容总是结合在一起的。为确保妇女主任具有必要的教育基础,能够参加培训和教育,并能够做笔记和保存记录,妇联试图将妇女主任最低教育程度的门槛定为初中毕业。

虽然被描述为"培训"的这些活动可能有助于提高基层工作人员有效开展妇女工作的能力,但这种活动涉及的内容并不广泛,其中许多主要是传递基本信息,如妇女工作的背景、当前政策和工作计划。因此,这不是提高妇联组织素质的唯一措施,或许也不是最重要的措施。

妇联也十分依赖新措施来指导乡工作人员和村妇女主任履行其职责,并激励她们鼓足干劲。从结构上讲,这毫无疑问是必要的,因为实际上县妇联要完成的所有工作都必须由乡工作人员和村妇女主任来实施。新元素是以"岗位责任制"的形式采用特别的管理指南(见附录)。① 在改革开放时代,类似的管理实践在中国得到了广泛应用,而妇联在这方面的做法与当代官方实践的主流是趋同的。这些工具是非常详细的评估工具。除了其他用途,它们还体现了"双学"活动的方法,要求妇女们促进竞争并鼓励竞争。

素质还有一个政治维度,因为必须让从事妇女工作的那些妇女支持并理解当前的政策。愿意承担这项工作是这一标准最直接的检验,因为并不是每个人都对成为一名妇女主任表现出了热情,被派去妇联的工作人员有那么多一般性任务要完成,无法想象她们还有精力从事妇女工作。上文描述的培训课程解决了这个问题的政治知识部分。妇联也做出了组织方面的努力来促进它所依靠的基层妇女的政治晋升和融入问题。其决定性问题是党员资格,对于较年轻的妇女来说,在于其预备组织即共青团团员资格的问题。入党在中国并不普遍,但担任一个主要的政治角色和从事许多官方工作,包括县级或县级以上的妇女工作,通常

---

① 附录中提供的例子是陵县用以管理乡妇联工作人员的文件。乡一级也制定了类似的文件用以管理村妇女主任,我也向别人询问过这种文件。我料想对乡工作人员的监督和管理比对妇女主任的更有效,但文件采用了类似的原则,而且逐项列出了一个可供比较的积分制。

都需要党员身份。①

　　所采取的措施之一，是在确定党员人选时始终将妇女主任作为优先考虑对象。通常来说，中国农村的党员中妇女很少。在我访问槐里村的整个期间，村里只有一个女党员。按现行政策原则，入党也可以为妇女主任提供进入党支部的机会，这是村里主要的政治机构。在 20 世纪 80 和 90 年代，更高级别的妇联积极进行干预，以便为妇女的政治晋升开辟这些渠道。特别要求村党支部关注选拔和培养合适的女性预备党员入党。在 20 世纪 90年代初，在槐里村工作成绩卓著的妇女主任就成了这样的一个预备党员，但她在这个过程完成之前就离开了村庄。这个过程通常需要一年或更长时间。②

　　对于乡妇联的工作人员来说，党员或团员身份在一定程度上也提供了进入政治内部圈子的渠道，尽管这不能使其自动进到政治领导层。为了在县及县级以上有效开展妇联的全面政治工作，入党是必不可少的，也应是标配（参见表 5 - 6）。

　　自相矛盾的是，近年来为从事妇女工作做政治准备的一个中心内容是开始灌输面向市场的取向，这种观点以前一直被党或妇联深恶痛绝。在改革开放时代，市场被视为家庭和国家实现繁荣的一个手段。向市场转型是由国家及其政策主导的，国家的工作人员被要求修正其过去对市场活动的政治评估，此前市场活动被

---

① 在城市和脑力劳动者中，非党员有时有可能基于其个人专长担任重要职位，但这在农村通常不可能。引人注目的成功人士通常也成为发展党员的目标。

② 鉴于婚后从夫居的规范间接造成的巨大障碍，为了增加妇女入党的机会，这些特别努力是必要的。妇女很少有时间在嫁出娘家村之前通过预备期并成为党员。在出生的村落，大家知道她们，并且可能还有良好的社会关系。当她们新来到嫁入的村庄，依然被期望主要负责家庭内部领域，她们实际上不得不从一开始就致力于构建网络并打造声望。

斥为资本主义的。改变对市场的这种理解并达成共识，是改革开放时代政治教育的部分内容。对妇联来说一个必然的结果是，她们也试图在其工作人员中促进有关市场导向活动的专门知识，因为她们将自己的政治角色解释为引领妇女在市场获得成功。因此，当前孜孜以求的素质之一通常是创业能力，通过创业获取大量收入来展示在市场上取得的成功。

研究会

为了向市场迈进，妇联正努力在农村开拓新的组织模式。一个主要目标是吸引在市场活动中取得显著成功的女性，并使她们参与支持妇女工作，特别是"双学"活动。这些妇女在成功经营企业的过程中运用了一些特殊的专门技能，她们被要求与其社区中的其他人尤其是最弱势者分享这种技能。但即便在专门技能不成问题的地方（比如在许多商业领域，资本或关系更具决定性），这些妇女也构成为一种资源。她们是充满活力的群体和积极进取的榜样。

经常以各种正式和非正式方法将这样的妇女树立为榜样。模范的身份是中国广泛使用的一种荣誉，在"双学"中也被采用。此外，"双学"还专门寻找并表彰在技术培训或在创收方面达标的妇女。妇联加强组织建设计划的部分内容就是建立机制，将这些在市场上获得成功的例子更紧密地纳入官方妇女运动的工作之中。

一种较新的方法是建立技术研究会。德州妇联于1993年呼吁成立这些研究会，陵县于1994年开始组织这些研究会。据报道，到1995年，村里和乡里设立有98个研究会。这些研究会被描述为民间的，但它们是由妇联创立的。成立研究会这一策略业已存在多年，它们现在更加正规化了。这些研究会更通常是在妇女主任的领导之下或者在乡妇联工作人员的领导下（假如是乡级的研究会），它们将在当地获得成功的女模范和在"双学"中已达到某些技术培训目标的妇女召集在一起。研究会召集聚会，在一起交流技术信息，并鼓励进一步学习技术，虽然我还不能独立地确认这些新团体活跃的程度。

　　研究会也可以在当地经济发展活动中发挥作用。本研究中所考察的乡以养鸡为重点，妇联围绕养鸡这一主题建立了一个研究会。它由乡妇联主席领导，虽然她以前没有这个领域的任何背景（她曾是一名教师），她按建议的方式带领人们参与到养鸡生产中。她买了两千只小鸡，并雇人来帮助她养鸡。她以一个企业家的身份参加了这一经济发展活动。该研究会还特地囊括了一名槐里村的妇女和积极参与的其他妇女。这个槐里村妇女自 20 世纪 80 年代以来一直从事大规模养鸡。研究会与乡里请来的天津一位畜牧教授一起工作，后者提供技术方面的专门知识，尽管这位教授是由乡里而不是研究会安排的（另请参见第六章）。

　　除了明确的技术目的，研究会还是一个渠道，间接将妇女及其经济活动与妇联及其经济发展战略更紧密联系起来。妇联承认，至少某些联系和信息交流并不需要正规组织。研究会迈向正规组织可能使某些妇女获得了更多机会，这些妇女有可能被更成功者的非正式网络忽略。这正是建立正式研究会的目标之一。也许更为重要的是，研究会旨在发出信号并在组织方面体现出妇联迈向市场的新变革。

观察

妇联延伸到了中国的每一个村庄,尽管正式在场,但它充其量只不过是一个薄弱的网络。为了使其策略行之有效,到了20世纪90年代,妇女在组织重构上的专注点已超出了日常关切事项,转而去解决一个关键性的实际问题。在努力巩固每一级正式行政机构的同时,妇联还试图能延伸到行政管理机构之外,正如她们所表述的,从"推动"转为"拉动"。其目标不是通过行政手段,或者通过多多少少带有强制性的政治运动来推动人们参与,而是开始变为通过向农村妇女提供激励手段拉动农村妇女参与活动。正如一份地方文件(陵县妇联,日期不详,[1995])揭示的,这种新方法包含三个要素:(1)技术培训和提高妇女的素质;(2)利用典型带领妇女前进;(3)提供有用的服务(如养鸡方面的专门知识)。妇联在"双学"中力图证明,它们可以提供这类新型组织,并在此过程中巩固其在农村经济发展和政策制定主流中的地位。而这个策略的决定性挑战是如何让"双学"工作开展起来。

第六章　动员和竞赛

对"双学"的描述一直意在将它与早先的社会动员努力区分开来。它不是一场运动，而是一系列活动。国家认识到了人们对于动员性运动的厌倦感，并且意识到了 20 世纪 80 年代初集体解体之后动员农村居民的难度。现在必须说服妇女参加国家所选择提倡的活动，竞争就被视为激励的一种工具。

动员与竞争之间的关系成为"双学"活动的核心张力。作为一系列有组织的活动，"双学"始于国家发起的改变农村妇女状况的一项策略。在这里它的独特元素不仅在于强调教育，而且强调通过教育增强妇女的独立能力。这原本也可以通过更加行政化的手段来促成。更确切地讲，这一策略的独特性在于引入竞争因素。实际上，妇女们正在被**动员起来参加竞争**。在最为显著的层面，这是指让妇女登记参加项目中的特定竞赛活动。这些竞赛可以激励妇女增加经济活动，或者是通过注册过程将独立获得成功的妇女纳入项目之中。尽管这些竞赛对于该项目很重要，但竞争的真正重要意义在于妇女参与市场。

妇女们被积极动员起来登记参加"双学"活动。这直接包括她们实现农业生产目标的正式任务。整个项目的根本原则仍是马克思主义的经典主张，即妇女将通过参与公共劳动来改善其社会地位。在这个方面，"双学"与过去几十年的运动非常相似。有

116 别于以往的地方在于这项改革聚焦于将妇女推向市场,并以现金收入或交换价值而不是用生产或使用价值来衡量经济的成功。尽管保留了马克思主义关于通过劳动解放妇女的部分经典论点,但它现在主要被概述为以市场为本的经济过程和计算的标准。

据妇联自己的说法,它负责"双学"活动的组织动员部分。正式的行政因素包括组织起来开展各种竞赛活动都是次要的。关键因素是在商品经济的大潮中取得显著的经济成就。对于中国农村经济新的势力来说,妇女以任何其他方式作出的经济贡献可能仍是隐而不见或边缘化的。既要通过动员措施,也通过经济效益的展望来激发农村妇女投身于市场。

这一倡议与中国社会通过市场谋求繁荣并高度评价发家致富的大趋势是完全吻合的。通过这项倡议,妇联努力加快妇女进入市场的步伐,并对做出这种转变的妇女给予社会尊重。妇联试图按当前中国文化所认可的标准即现金收入,提升在市场上获得成功的那些妇女的知名度和声望。这种成功显然被理解为是高度竞争性的一个过程,其成败都可以清楚而准确地加以度量。收入增加标志着妇女贡献的重要性,这吸引了更多妇女参加活动,也彰显了妇联工作的价值。妇联认为,通过这些改革手段,可以促进提高妇女社会和家庭地位的既有目标。

参与市场因而成为国家妇女方案的一个基本特征。更重要的是,妇女在竞争中获得成功证明了国家有关妇女及妇女在经济发展中作用的政策是有效的。国家与市场之间的矛盾并不是针锋相对的一种冲突,而是内嵌于改革政治经济的运作之中的一种关系。就像帝制时代的中国国家容纳商业一样,改革开放时代的中国国家正在将全球市场内在化。

"双学"倡议也体现了国家刺激同对市场活动与竞争加以控

制的改革机制之间的一种融合。利用以市场为导向的竞争方法，¹¹⁷通过常规的行政渠道并通过"双学"活动来组织，市场方法与动员策略被整合起来了。竞争还间接通过市场本身起作用，并且在市场上发挥其最大影响力。这项举措将最终考验它有没有能力改善登记参加"双学"活动的妇女及其所在社区的真实经济状况（主要通过收入来衡量）。竞争的这一非正规维度比正规的机制更深刻，而且更普遍地驱动了"双学"活动。在"双学"实施的基层一级，国家和市场方法交融在一起，改革开放时代国家影响范围的微妙性变得显而易见了。

本章将回顾槐里村和陵县的更大背景下"双学"活动进行动员和竞争的微观策略。伴随时间的推移，政策和实施策略的细节也在发生变化，因而我将按历史发展予以呈现。

实践中的庭院经济

庭院经济的概念既指更早更为有限的一项活动，也指后来"双学"活动中的一个组成部分。在这两种意义上，它都基于对封闭性的庭院内部场所加以生产性利用。在人口稠密的山东省，尤其是在槐里村，土地较稀缺。槐里村坐落在20世纪80年代世界银行建设的一个水利控制项目的道路边上。槐里村为这个项目丧失的土地比其他许多村庄都要多。到1989年，土地分配的标准是人均0.67亩口粮田（相当于以前集体化时期的农田）和0.1亩菜地（相当于集体化时代的自留地）（参见Judd,1994）。即使在土地稍多的地方，庭院中进行的早先称之为"副业"的补充性生产，也提供了家庭收入的一个主要组成部分，而妇女则是庭院收入的主要生产者（另见Wolf,1985）。

为了促进妇女在庭院内从事赚取现金收入的劳动生产,妇联隐含地将它建立在一个已获确认并得到文化认可的基础之上,尽管她们选择不强调这一点。准确地讲,妇联将重点放在利用一种未曾充分利用的资源来显著提高家庭收入。既然土地如此稀缺,即使是庭院内的少量土地也可能具有明显的经济价值。

槐里村的房屋建造通常是庭院式的。这个村里的所有房子都是平房。房子本身坐北朝南以便取暖,屋前有一个庭院,其大小与北美的前院类似,整个院子被高墙环抱,房子对着唯一的一扇大门(牢固且装上了锁)。因为政府努力使可耕地的非农用途降到最低程度,庭院土地的大小受到了限制,但这种土地的利用并不是标准化的。房屋居住空间的数量以及庭院一侧或两侧是否有建筑物都各不相同。在有这种额外房间的院子里,这些房间通常用于经济活动,如孵化小鸡或用于制作挂面,但这仅适用于槐里村少数家庭。

将院子内的某些区域用于饲养家畜则更为普遍。除了最为忙碌的专业户,实际上家家如此。多数家庭都有一个猪圈,一些家庭的院子里可能拴着一头牛,或者圈养或散养了一些鸡鸭。饲养禽畜是妇女的一项主要庭院活动,并在有关庭院经济活动和竞赛的报告中广泛出现。

在德州地区和陵县,妇联于1984—1985年开始致力于发展庭院经济。经验丰富的县妇联主席说,选择庭院经济作为重点是因为它似乎是一块具有潜力的未开垦的处女地。她观察到,改革开放启动之后,在20世纪80年代初农业生产已日渐提高,乡镇企业到那时取得了领导权和主动性。这使庭院经济成为妇联可以迈进的一个政治真空地带。也就是说,关注庭院经济,除了前文讨论过的经济和性别原因,也是妇联试图在改革开放时代的政治经济中确立自己地位的一个策略性举措。

自 1987 年成为一个示范村起,槐里村就开始做出了巨大努力。县妇联一名副主席是个能干且精力充沛的领导者,几乎每天都骑自行车(单程大约一小时)到这个村来组织庭院生产。当时的县妇联只有 9 名全职工作人员,而全县有数百个村庄,这是一种非典型的资源分配。这也是培养典型的通常做法,这一方法承认变化是不均衡的,因此资源可能不得不集中在特定的战略点上,以便取得突破。① 县里有两个村庄作为这个阶段县级典型来培养,槐里村从事蔬菜和**香椿**树(有可食用叶子的一种树)的种植,另一个村子从事食用菌栽培。1987 年下半年,来自德州地区的一个代表团访问了县里这两个村庄及另外四五个村子,召开了现场会以检查每个地方所开展的工作,并走访少数模范农户。对这次巡视的期望加大了对典型培养工作的力度。

在槐里村,蔬菜是一个合适的工作重点,因为在集体化时代该村就在自留地种植蔬菜上取得过成功,一直延续到 1984 年才终止。在庭院中或多或少密集种些蔬菜不需要培训或投入大量资源,尽管妇联确实在获取苗木和获得市场信息方面提供了某些帮助。**香椿**种植存在一种类似的实用知识基础,槐里村在香椿种植上具有极大的优势。可食用的香椿叶是一种美味佳肴,槐里村的香椿闻名遐迩,在 20 世纪转换之际,食不厌精脍不厌细的慈禧太后将这个村的**香椿**叶视为唯一的御用佳品。因此,槐里村扩大香椿生产特别有前途,非集体化之后又栽种了许多新树。该村的妇女组织声称,到 1989 年,该村 1.1 万株香椿树中有 2 000 株是

① 庭院经济被反复锁定作为一个突破口,其中包括 1988 年在德州(德州地区,1989)和 1994 年在陵县。

在妇联鼓励下栽种的。这些树通常种在院子里,尽管也有一些农户选择在自留地里密集种植。照看这些树木并不困难,但如果庭院中种了香椿,那可能就没法种蔬菜了。

在强调庭院生产的时期,蔬菜和香椿都有相当规模的种植。¹²⁰这在槐里村持续到 1989 年,庭院经济与"双学"活动之间虽然存在明确而强大的连贯性,但直到这年年底,"双学"活动才在槐里村开展起来。1989 年夏初,槐里村的妇女主任指出,蔬菜和香椿的种植仍在增加,视庭院的状况而定,大概有 60％的农户在院子里种菜,实际上每户都种了香椿树。

我自己当时的样本显示,庭院经济的参与率较低,但鉴于中国在报告过程无所不在的压力,存在这种差异是可想而知的。更多农户在某个时间参与了庭院经济也有可能,而此时恰好不是我做入户研究的时候。除了较少专注于庭院生产的专业户,28 户中有 21 户(占 75％)报告并被看见种了香椿树,在 21 户中有 9 户(占 40％)报告并被看见在其庭院里种植了蔬菜(Judd,1994:133)。

庭院生产具有带来可观收入的潜力,尽管并非总是那么易于实现,或者必然会带来净收益。香椿树种下后到第二年才会有适合销售的叶子,但每一棵成熟的香椿树可以毫不费力带来 30—40 元的年平均收入。据称 1989 年夏季,在庭院经济搞得最好的一个地方,对三茬蔬菜进行精耕细作,最高年收入可达 1 000 元。这些数字应当放在当时的情境下来审视,槐里村那时的年人均收入为 700 元人民币。但庭院一般不大,典型的大小是 15 乘 18 米,即 270 平方米,而且并非庭院空间的所有地方都可以种植,因为院子里还必须有一条步行道、储藏空间和用于饲养牲畜的空间。少数家庭确实选择将其庭院的很大一部分用于蔬菜生产,但这只是少数人的选择。蔬菜的主要种植者通常是女性,但并非总是如此。

选择不在庭院里种蔬菜有几个显而易见的理由。没有一个专业户种蔬菜,要么是因为他们的院子被其家庭企业(如晾晒挂面)完全占用了,要么是因为家庭成员都忙于收益更高的活动。其他一些人则表示,他们房屋的位置不佳,比起长期是宅基地的房屋,这个策略对于在农用地上新盖的房屋更为有利。在香椿树的树荫下种植蔬菜也并不理想,蔬菜种植也难以与饲养山羊或黄牛等家畜兼容。实际上,只有当院子几乎全部用于种菜并且劳动力投入非常密集的情况下,才有可能从庭院种植的蔬菜中大量获益。对于那些几乎没有其他替代选择的家庭来说,这是一个更具有吸引力的建议,但即便如此,他们通常也喜欢将庭院用作他途。

无论是作为畜力(如牛、驴),抑或用于消费(猪、牛、山羊、家禽),饲养家畜家禽都是家庭的一个主要经济选择,妇女在其中一直扮演着主要角色。槐里村的庭院生产活动几乎没有关注家禽家畜养殖,并且在整个这个时期它实际上一直未受到影响。但是,这并不表明这不重要或不活跃。事实上,几乎每户都饲养牲畜来增加家庭收入,最常见的是养猪。在这个地区,槐里村早先曾一度鼓励养山羊作为一项额外的举措。然而,养羊户最多时也没超过 10 户,这是因为河堤和其他公共放牧区域有限,这使很多家庭从事养羊变得很不划算。除了这一小小的努力,槐里村的农户确实整齐划一地在院子里饲养牲畜以增加收入,但这并不是妇联组织的。妇女们已掌握了技能,她们密切关注着禽畜和饲料的市场价格。在我到访该村的过程中,所饲养的牲畜发生了明显变化,多样性也有所增加。实际上,1995 年的流行性选择是在院子

121

外面的道路上拴一头肉牛。在没有特殊帮助或鼓励的情况下,妇女会对市场条件和机会作出反应。相反,妇联将重点放在额外的项目上,她们认为如果没有妇联的努力,这些项目就开展不起来,或者不会以同样的规模开展。庭院经济没有更强调牲畜养殖,其原因可能是,该地区的养殖活动已处于较高的水平。农户通常利用自己土地上生产的饲料来饲养尽可能多的牲畜。饲料成本往往太高,超出这个限度的扩张便很难盈利。而且,她们对市场的状况非常了解也十分敏感。在这个领域中,额外增长的空间有限,因此没有理由再去促进它。

122 此时,一些家庭正在将其庭院用于家庭企业,其中少数家庭在 1987 年就已很成功,所以,当年地区考察团的行程中就包括走访这些农户。有一户生产大量挂面,机器就放在一间偏房里,在院子里晾晒产品。还有一户将院子一侧的一个房间用来作为养鸡场。这些都不是槐里村早期庭院经济的核心活动,但对于槐里村选择的经济发展方向、家庭企业或"项目"以及对于后来在这里发展起来的"双学"活动都至关重要。

这些年建立起来的庭院经济并没有以相同的方式持续下去。事实上到 1995 年,这里几乎没有引人注目的庭院蔬菜生产的迹象,香椿树虽然仍在种,但不再是当地的一个优先目标。在那年的重访中我发现,在我所访问的 38 个农户中(25 户是第一次访问,13 户是重访),没有一户有值得注意的庭院蔬菜生产。在两次访问期间的那些年里,槐里村开展了"双学"活动,不过已从蔬菜和香椿生产的具体情形中转移开了。

尽管当地的活动水平起伏不定,但妇联开展工作的总体想法仍呈现某些明显的连续性。上文概述的反映"双学"早期和后期特征的许多元素,都可以从 1988 年槐里村"妇女之家"一面墙所展示的当地工作状况中找到端倪。"妇女之家"设在该村一个不常用公共建筑的一个房间里,这个地方存在本身就是颇不寻常的为妇女活动提供公共空间的一个早期例证。"妇女之家"1988年在槐里村出现,大概与近期地区领导来视察有关。伴随活动恢复为标准的农村方式,即在村领导包括妇女主任的家里和个人网络中进行,这个空间很快就被废弃不用了。尽管如此,槐里村妇女之家确实表达了这个活动及后来一些活动的某些核心价值。这里值得展现一番"妇女之家活动计划"的全文。它标明的日期为1987年5月1日,但到1988年1月仍挂在墙上:

> 第一季度:举办两次缝纫培训课,两次蔬菜和香椿种植技术培训课,邀请专业户的代表和技术人员讲课;向一般农村妇女提供发家致富信息并迅速提高妇女致富能力。落实委员会成员负责[特定]农户的制度,帮助困难户摆脱贫困并实现富裕。

123

> 第二季度:组织村里所有妇女参加一个关于"四自"的思想政治学习。为有幼儿和小学生的户主提供有关儿童心理学的指导;组织一次文化之夜。

> 第三季度:动员妇女群众做好田间管理工作。

> 第四季度:举办一或两次关于法律知识的培训班,重点是《婚姻法》和《继承法》。评选"五好家庭"、"三八红旗手"和"致富女状元"。组织救济活动。

可以确定这是槐里村大队妇女委员会的文件,当时的村仍普遍被称为集体化时期的名称即大队,但它肯定是与来自村外的妇联工作人员一起完成的。突出培训和农村致富这两个关联主题,与一年半后向全国公布的"双学"主题非常接近。

很难确切知道该计划究竟有多少得到了实施,但我多次拜访受该计划及其后续举措影响的农户,并与组织者进行了讨论,表明这个工作计划的关键性要素,包括举办培训班等已付诸实践。即便该工作计划没有得到充分实施,注意到以下事实很重要,在"双学"启动之前,此类项目已在农村进行过尝试。这表明"双学"不仅仅是自上而下强加的,而是基于基层的一些实际努力和实验。

德州地区妇联 1988 年的工作总结和 1989 年的工作计划重点讨论了素质问题(德州地区 1989),并指出了庭院经济在促进商业化和发展更为复杂的农村经济方面的潜力。这是"双学"活动下一步要采取的方向,但这也是组织者发现的难点方面。对于县妇联的领导来说,其难题在于以微不足道的人力与物力资源去贯彻一项非常雄心勃勃的计划。乡妇联干部以及槐里村妇女主任和妇女委员会成员则表达了更加具体的关切事项,比如她们难于找到可以切实帮助妇女的领域,或者在她们能够为妇女提供这种帮助的具体手段上遇到了困难。妇联有一定的动员能力,但缺乏有效帮助妇女的经济或技术资源。"双学"的后续进展就是努力在实际工作中解决这些障碍的一个过程。

"双学"

据报告,"双学"仅到 1989 年年底才在槐里村开展起来。这与山东省计划在第一年建立协调小组并制订计划,然后在第二年开展学习和竞赛活动是一致的。在陵县,"双学"被确定为县妇联 1990 年的中心工作,即最优先的关注事项,所有其他工作都应围绕这项工作展开(陵县妇联,1990)。因为该村积极推动庭院经济,也因为"双学"被明确视为庭院经济的进一步发展,与其他一些社区相比,槐里村可能还具有一个优势。然而,与"双学"活动相关的当地组织人员不断流失,这实际上意味着槐里村并没有迅速转入"双学"工作。1995年之前,尽管槐里村所在的乡一直都是县妇联的一个联系点,但后者没有再次直接在槐里村积极活动过。曾在槐里村早先活动中现身的乡妇联主席被提拔到一个领导岗位,不再负责妇女工作,取而代之的是一位没有妇女工作经验的教师,不过她在行动上也充满了活力。在槐里村,"双学"活动的开展因妇女主任的匮乏而受阻。1989年曾短暂填补了这一角色的妇女离开村子去了县城的一家工厂工作,她突然离开后直到整个任期结束都没有回来。到1990年夏天,曾考虑过若干候选人,但续补这个职位被认为并非当务之急因而作罢。

据乡里报告,乡一级成立了一个"双学"协调小组,由负责政治工作的乡党委副书记担任组长,新上任的乡妇联干部任副组长,来自农业、林业、教育以及供销社办公室的技术与教学人员成为小组成员。在乡一级人事变动之前和之后,妇联分别组织了为期一天的棉花和粮食生产技术培训班,重点放在选种上。全乡总共有61个村,每个较小的村派一或两名妇女,较大的村派三或四名妇女参加了这些培训班,受训妇女要将她们学到的新知识传授给她们社区中的其他妇女。培训的目标是传播高产又抗病的种子品种的信息,次要的目标是增加产量和收入。这个乡的妇女也被组织起来登记参加"双学双比"竞赛活动,据悉到1990年夏天,只有66个妇女登记了。此刻的"双学"活动尚处于初期阶段,它的培训和生产重点放在当地主要农作物谷物和棉花上。除此之外,它与庭院经济的努力没有太大的区别。

　　从理论上讲，村一级也应该建立一个"双学"协调小组，由村妇女主任领军，村党支部书记和其他村领导参与其中。1990年，槐里村并没有成立这样的协调小组，实际上，由于缺少妇女主任，村里没有开展任何"双学"活动，甚至无法期望其开展。虽然任命了一个妇女主任后不久，"双学"的确在槐里村变得有声有色，但除了名义上的，"双学"的协调小组在村一级从未成为现实，因而实际上并无意义。这个协调小组只不过复制了负责村庄事务的村领导小组而已，即党支部加上村民委员会的成员，如果妇女主任还不是其中一个委员会中的成员，那就另外加上妇女主任。

　　1990年槐里村和乡一级的情况表明，影响"双学"的发展，或者说影响中国农村针对妇女的任何其他地方举措的主要问题之一，在于难以招收并维系一个稳定的女干部的组织基础，以便开展必要的实际工作。槐里村事实上说明了组织连续性方面的极端例子。尽管已招收到能干的妇女主任，但很难留住她们，这个村反复遭遇了没有妇女主任的时期。每到这个时候，所有妇女工作都停摆。当一个得力的妇女主任在位时，便可以达到较高的活动水平，1992年槐里村情况便是如此。当时的特殊重点是"双学"，槐里村证明了在有利的组织与适度经济的环境之下，妇女们在这个活动第一阶段所能期望、尝试并取得的成就。

　　至少可以从两个不同角度来审视1992年槐里村的"双学"活动：它既满足了妇联国家项目的要求，又源自并根植于槐里村妇女当时当地的历史。这两个视角可能都可以用准确而有意义的方式加以采用，每一种都有其自身的参照框。槐里村在很高程度上符合"双学"的正规特征。部分原因正是由于这种遵从，槐里村1991和1992年的"双学"活动被载入了乡妇联主席指导下所保存的大量文件之中。

表 6-1 1992 年槐里村妇女的基本情况及参与竞赛的统计

姓名	年龄	教育程度	党/团员	人员编号
单位	竞赛领域			
生产规模	作物			
	谷物	棉花	蔬菜	年收入
			果园	家畜 加工项目	投资 商业
					每个项目的年收入
竞赛措施				
目标实现的情况	谷物/棉花生产与年收入			
	对国家的贡献			
	教育与技术学习			
	扶贫帮困情况			

126

按照妇联的要求,槐里村迅速采取行动,为参加"双学双比"竞赛活动的妇女进行了登记,这推动了参与率提高和上升。陵县称,1990年即该地区"双学"活动开展的第一年,参与率为10％,1991年为60％,1992年为78％。官方鼓励妇女登记,并把它同优先获得化肥、农药、煤油、投资贷款及优质良种等挂钩,这一措施不免让人联想起早先的动员运动。登记本身是按照表6-1所呈现的标准格式填写完成的。1992年年中,征得村妇女主任的同意,我得以对槐里村99名妇女的个人登记表进行了仔细研究。这表明了较高的参与率,因为未婚的年轻妇女不包括在内,槐里村此时只有230名妇女劳力。该计划的目标人群是处于劳动盛年期并负责持家的已婚妇女。

这些表格一致提供了有关登记在册妇女教育和经济状况的基本信息。所有妇女都报告了她们所受的教育,从小学到中学的不同年级,最常见的是初中,没有一人是文盲或半文盲。这一相对高的教育水平,略高于我在家庭样本中的发现(见表4-2),部分原因可能在于登记妇女的年龄相对年轻,她们多半为20或30岁,只有少数人40出头或者45岁左右。因为我在户访时确实遇到过当村妇女主任在场时妇女爽快地回答自己是文盲或受教育有限。这些记录看起来不太可能是误报,受教育较少的妇女没有登记参加"双学"倒更有可能。这个登记的过程应当有助于在"双学"活动中确定接受不同级别培训的合适妇女,槐里村可能就是这样做的。当然,槐里村的培训计划认为,到了20世纪90年代初,扫盲不再是个问题,重点应放在短期培训上。到1995年,更多人选择去上了农村函授学院。

每个妇女还登记了她们参与某个特定的竞赛领域,这与槐里村的经济活动范围是一致的:其中种植 62 名,经商 23 名,诸如香油和服装加工等 10 名,工艺 2 名,养殖 2 名。不管妇女登记参加哪个领域的竞赛,几乎所有人都报告了耕地(其数字是家庭而不是个人的并做出了户内每人交 100 斤(少数情况下是 150 斤)的承诺,这些都列在"对国家贡献"的栏目之下。这本质上是交农业税的一个协议,纳税在农村一直很成问题,因为非集体化使这成为一个以家庭为基础的收集问题。有 15 个妇女的家庭有商业或其他生产性项目,她们做出了用现金缴税的单独承诺。有 4 个妇女,她们的家庭非常专业化,以至于根本没有任何土地。她们的家庭财富数额颇为可观,为 1 000—5 000 元人民币,而其他所有个案的数额少得多,仅有 100—500 元人民币。在这方面,妇女工作的官方面孔显而易见,即满足了应对标准政治工作的要求,在这里指的是征税。①

在"教育与技术学习"这一栏中,妇女可以报告自己的兴趣及参加"双学"所组织的培训,多数表格这一项都是空白的,虽然有 29 人确实填写了"参加学习(班)"和"技术进步"等各种各样的一般性陈述。只有少数人做了些具体的评论,如"加工学习班""已登记加入学习班",或者"参加技术培训"。实际上,尽管在槐里村举办过"双学"中所提倡的培训班,但这里的重点更偏向于经济活动和创收而不是培训。

①槐里村的征税问题完全是为国家的更高级别收税的问题。槐里行政村通过出租它从槐里生产大队继承下来的房屋,满足了其适度的财政需求。它没有尝试征税或扩大其经济活动的水平。它宁愿促进独立经营而不是试图建立村级企业(除了 20 世纪 80 年代末建一个小纺织厂的失败尝试)。拥有土地的农户每人每年要交 70—100 斤粮食的农业税,用小麦或者等价于小麦的现金来支付。在这个时期,槐里村农户报告的粮食总产量每亩大约是 1 500 斤,其中略低于半数是小麦。每人分配的土地是 0.67 亩粮田。产量被认为长期都是低报的。基于报告偏低的假设,村会计能够描述当时采用的计算产量和农作物价值的详尽程序。官方认为这个地区的土地每亩能生产 2 500 斤粮食。也有现成的手册帮助进行农业上的这些计算。得到一个农业用地欠税的粗略估算并不难,这使得逃避农业税比逃避其他税更困难得多(尽管未必那么容易收税)。做生意要交营业税,这是一个异常复杂的事情,因为税务人员不可能知道一户生意的实际财政状况。结果,其重点放在敦促企业纳税守法并以身作则。这是槐里村面临的主要问题,因为它有那么多家庭做生意。这里也有意义不那么大的其他各种税项。就像在其他地方,这里的逃税现象被认为较为猖獗。

最后一类"扶贫帮困"只有 5 个妇女填写了,她们全都是相对较成功者。有个店主主动提出积极帮助有需要的人,另外两个人也提出类似的帮助那些需要帮助的人,第四位仅仅表示可以提供全方位的服务。村里的主要女裁缝长期以来一直是当地妇女组织的一个关键性资源,她提出为"六一"儿童节的庆祝活动缝制衣服,并帮助孤寡和有需要的老人(想必是为他们缝制衣服)。成功者为有需要者提供帮助是该运动的一个明确目标,许多经济上更为成功的妇女被要求提供帮助,或以现金(通常是借款),或通常以培训和专门知识来帮助较贫穷的妇女开展小型项目。

登记表上的所有事项都与"双学"的正式竞赛元素直接挂钩,并可根据县里设定的选拔"先进能手"的标准来进行评估。"双学"活动中将"先进能手"称为模范。简言之,共计有四类标准:满足一定的教育水平(至少是初中)与技术水平;利用先进技术达到特定的生产目标;能够处理好国家、集体和个人之间的关系;积极帮助穷人并有良好的声誉。[1]

130

---

[1] 陵县县委办公室在其 1989 年(1989 年 9 月 13 日)制定的 20 号文件中提出了"先进能手"的具体评估准则是:(1) 教育与技术:至少初中毕业并有一种或多种实用技术的知识。在生产中取得突出业绩的妇女有资格获得农业技术骨干或农民技术员的称号。前一个术语一般是指在"双学"中通过乡和县妇联渠道提供的培训中表现突出的妇女,但这不是一个正式称号;后一个术语是指在农业的某个领域拥有一定专门知识,通过考试具有资格的人。这一称谓之内分为四个层面,农民技术员有可能因在村里引领农业工作而得到报酬,但他们依然是乡村居民,并非国家职工。(2) 采用先进技术取得特定生产目标:每亩生产 2 500 斤粮食;每亩 250 斤皮棉;从其他庄稼赚得 2 000 元人民币;牲畜饲养上采用先进的管理,具有较大的规模,每年能赚得 3 000 元人民币;加工上采用科学方法,每年能赚 5 000 元人民币;林业和果园的科学管理,每年能挣 1 万元人民币;在经商上遵守国家的价格和税收政策,采用科学管理,每年纳税 2 000 元人民币。(3) 能够处理好国家、集体与个人之间的关系:个人遵守法律和政策,是建设两个文明的模范,完成了国家的计划和任务(请注意,这个标准排除了不遵守国家计划生育政策的任何妇女)。(4) 积极帮助穷人和有困难的那些人并在群众中有良好声誉。

从乡级开始的每一级,已登记的妇女都可以参评是否达到了"双学"的标准,表现突出的可以成为先进能手。成功的妇女将有资格在每个更高的行政级别直到国家一级参评先进。虽然大多数妇女都可以达到"双学"竞赛的基本标准,但每一级的先进能手评选都有固定的名额限制,因此能获得荣誉和奖励者相对较少。作为"双学"活动取得成功的早期场所之一,槐里村在 1991 年有 30 名妇女达到乡一级的标准,其中 12 个妇女还达到县级标准。这些妇女中有 8 名是乡级先进能手,其中有两名是县级先进能手。槐里村妇女主任作为两名县级先进能手之一,在普法运动中还被认定为地区级模范。

评选模范仅仅是"双学"活动中采用的人们耳熟能详的一种管理机制。其他几个量化指标也被用来指导和评估村妇女主任和当地妇联工作人员的工作,其中包括已登记的妇女人数,达到一定教育与技术水平的妇女人数,以及举办培训课程的次数。从这个行政的视角来看,槐里村 1991—1992 年间的工作符合规定并且颇为成功。

然而,对于像"双学"这样的活动,想通过正式机制去洞察其执行的实际运作是受到局限的。"双学"活动旨在超越标准的行政措施,将它与新兴的农村社会和经济发展关联起来。从前文的描述可以看出,它并没有放弃传统的动员方法,但正在寻求更多途径。根据教育(和政治适宜性)及向市场转向(及遵纪守法)的新标准来招收和培训新一代妇女主任,成为实现这一变革的关键所在。

就槐里村而言,1991 年新招收的妇女主任,此前已经很引人注目,这是因为她闯入了从前全是男性的小生意领域,颇具创业精神。后来她于 1991 年去北京学习了育苗新技术,这是槐里村从前没有人种植过的一种有利可图的经济作物。她为了这个目的需要额外的土地,而且她能租到该村公有的一些优质耕地(见Judd,1994:31—32)。她所支付的租金超过了标准,但获得了她所需要的额外土地。土地在槐里村是一种稀缺且宝贵的商品。她能获得这些土地看来是村里支持上述策略的一个例证,即每个妇女主任都要积极开展自己的一个创收项目。她的这个项目并不是非常成功,在1992年她损失了许多农作物,但她确实积极地投身于其他活动,包括她作为妇女主任的工作。她高度重视面向市场,但她与丈夫一起于1993年离开村庄,前往天津经商,孩子们留在槐里村由她婆婆照看。这对夫妇的生意做得不错,到1995年人们认为她会长期在天津待下去。在她担任妇女主任期间,她是协助女性开展自己项目的一个合适人选,她自己在妇女主任的岗位上也取得了成功。

132　　这个妇女主任最显而易见的工作包括召集会议、组织培训并动员妇女登记参与"双比"活动。她报告说,妇女参与这些活动的比率极高。她甚至声称,所有40岁以下的妇女都参加了学习和竞赛。尽管这可能更接近正式登记参加"双学"活动的妇女人数,而不是积极参与活动的那些人。最好不要将这种差异解读为个人虚报,而应被理解为符合惯常的夸大程度。正如我的入户调查结果和表5-1、表5-2和表5-3中的报告所示的,这个妇女在任期间的确明显提高了妇女参与的水平。一些因素也相对固定:召集会议、妇女委员会的正式存在和评选出社区中的一些女模范。较明显的差异在于,在"会议及进一步参与"这个更具包容性的类别之下,有了更广泛的积极参与,这在1992年达到顶峰。

尽管集体化时代结束后不再有运动,但在中国农村,人们对参加会议或多或少有点儿不大情愿。那些会议往往相对空洞而且是形式主义的。仅出席会议在一定程度上是可以做到的,但有意义的参与却需要付出更多努力。"双学"活动中倡导方法的改变便隐含承认了这一点,即提倡将动员与实用技术培训和经济活动联系起来。其具体问题在于如何为培训或为经济活动提供有意义的东西。多数读者从其自身类似的教育经历中都会认识到,设计并开展针对很多人的适当培训是很难的。已熟悉培训材料的一些人会抱怨说,这是浪费时间,而另一些人也许会发现,培训议题与她们的需求毫不相关。许多妇女选择不参加这些有组织的活动,也就不足为奇了。

入户讨论表明,除会议之外,许多有效的工作都是与妇女主任的个人邂逅,以及通过与妇女主任或其他模范建立起关系,而这未必被看作是官方的。这是典型的妇女运动通常非正规运作的方式,尽管它偏离了动员方式的更正规特征。动员也需要人际关系,特别是需要在领导者与被领导者之间促进人际联系,但这种关系要服从于正式的组织结构。从组织的意义上讲,"双学"方法的实际意义是对非正式和分散式网络的更公开承认,这是用新近获得了合法性的关于市场的话语来表达的。

妇女主任采取的具体行动包括帮助没有家庭经济项目的贫穷妇女创建一个项目。这可能包括敦促这名妇女参加培训,虽然这似乎(颇为明显)不是决定性的。关键因素更通常在于帮助一名妇女与村里的一位女模范结对子,后者可以为前者提供综合性的帮助,如提供建议,通过提供就业或学徒机会给予在职培训,以及获得专门技术投入等。这些女模范之所以愿意这样做,部分原因是妇女主任敦促她们提供这种服务,一些更为突出的例子则是妇联鼓励的结果。她们这样做也因为可以通过雇工或学徒的劳动,或通过向新入行者出售材料而获益。一些案例表明,在某个特别领域成功拓展活动的情况下,这些模范人物仍在该领域保持了领头羊的地位,不会因规模较小或技术水平较低妇女作为生产者的加入而受损。在本章接下来的部分,我将追溯缝纫、蘑菇栽培和养鸡等不同实例的发展情况。

在其他案例中,促成作用似乎表现为获得少量启动资金。妇女主任本人或通过妇女主任,村党支部将直接发放一笔小额贷款,或者做担保从银行获得一笔大额贷款,但这种正式援助在槐里村并不常见。偶尔会号召村里较富裕妇女以同样的方式提供帮助,这不仅作为运动的一个官方组成部分,而且也是为了回应更为广泛存在的分享其财富的社会压力。诸如此类的措施扩大了获取贷款的机会,但多数贷款似乎是通过非正式渠道获得的,特别是来自亲戚。

在“双学”中鼓励各种类型的创收活动,但槐里村的重点被描述为“庭院经济”,虽然该术语的具体内容与 20 世纪 80 年代后期相比已有所变化。虽然仍提倡庭院的蔬菜种植,但这已不再是主要目标。在 20 世纪 90 年代,任何以户为基础的商业活动或生产性活动,从字面意义上说都符合这个描述,因为其中一部分活动是在庭院里进行,或在庭院中建造的厢房里进行的。所有活动实际上都被包括在内,即使它们有可能发生在其他地方(田间地头或市场里),因为槐里村的所有非农活动都是很小规模的家庭企业。这既符合妇联关于庭院经济话语的更宽泛含义,也符合槐里村自身推动家庭项目的发展路径。

与动员妇女在院子里种蔬菜和香椿的早期阶段相比,现在对槐里村妇女运动的要求更为复杂。即便其策略更加整齐划一,这里描述的个性化方法肯定有其优势,这对于多样化的措施必不可少。1992 年,我在槐里村访谈过的妇女们正在开展一些项目,包括：开饭店、种蘑菇、回收瓶子及其他废旧材料、做缝纫、经营种类不同规模不等的商店、生产和销售挂面、经营小旅馆、养蜂割蜜、在集市上卖衣服、制作小吃食品、养鸡、养猪、开诊所以及生产芝麻香油。在少数案例中，她们对建筑物（开小旅店）或机械（加工挂面）进行了大量投资，或者掌握某种可能必不可少的特殊技能（比如女裁缝），但在许多案例中，伴随机会和市场情况的瞬息万变，人们很容易从一个项目转到另一个项目。在小生意中尤其如此，这也适用于畜牧业和蔬菜种植。在这方面，关键是要灵活地适应不断变化的市场状况，而且我发现，我每次访问槐里村时，小型项目的成分都发生了变化。要在这种环境下帮助妇女实现富裕，就需要具备促进多样化项目的创业能力。除非槐里村能为某个更大地区供应一种或更多特殊商品，否则槐里村的妇女就不得不各显其能抓住当地市场的各种机会。这不是一个官方计划能轻易指导的东西。事实上，改革开放时代中国农村的大量经济振兴正是源于摆脱了烦琐的计划并转向分散的市场活动。

尽管妇女运动拥抱市场，但它并未选择主要关注经商。即使在重点强调开店的槐里村，这一点也很明显，虽然偶有迹象表明妇联为经商的家庭提供了有用的市场信息。然而，这里从未举办 ₁₃₅ 过任何形式关于商业发展或管理的培训。这估计也存在一些实际问题：当地妇联的工作人员希望她们社区的生意兴隆起来，但许多家庭在一个小市场里竞争，在决定为谁提供商业优势方面会遇到难题。在许多妇女都能够共同成长的领域（如蔬菜生产）促进妇女之间的发展合作，比在妇女之间市场竞争不可避免的领域（如做小生意）更为容易。然而，更大的问题可能在于妇女运动中存在的一套潜在的价值观。这些价值理念将生产置于商业之上，也更偏重于支持面向市场的生产而非纯粹的商业活动。

不管妇女选择以何种方式卷入市场，她们都需要有关如何在市场取得成功的新知识。从生产的角度看，通过教育和培训提供的知识可能是有价值的，正如关于本地或遥远市场新产品生产的急迫机会的信息一样。伴随市场变得更加复杂而且多样化，经济知识的渠道也同样如此。在这里，我们可以看到妇女运动对这种新环境作出了灵活的反应。它设置的妇女主任可以为家庭项目提供具体而微的支持，也支持妇女们跨越家庭界限建立联系，以便传播技术和商业方面的知识。

这里的一个重要因素是，一个传播经济知识的妇女网络崭露头角，这个网络与农村社区既有的以男性为中心的网络并存。妇女很少有或根本没有机会进入后面这个网络。以男性为主的纽带得到了村内的官方结构及亲属与居住模式的有效支持(Judd，1994)。我认为从这里可以看到，妇女运动试图促进跨越家庭界限的一个妇女网络，因为家庭界限是那么根深蒂固地将中国农村妇女分割开来(Judd，1994:202-211)。官方妇女运动主要采取中介的形式，促进妇女获得掌握在政府各部门或村委会手中的公共资源，或者由当地模范掌握的私人资源。可以肯定的是，获得某些资源仍要通过男性户主并通过妇女之间有限的非正式联系来传递和调解，但"双学"和它所代表的组织形式的更广泛转变，标志着支持并扩大妇女经济网络的坚实努力。在此过程中虽然使用并强化了妇女主任这个官方渠道，但其目标未必在于吸引妇女参加会议和妇女委员会，而是要增强她们对当地经济的参与。以1992年的槐里村为例，这意味着使妇女能在小规模的市场活动中成为更有效的独立行动者。这很可能是"双学"总体活动中庭院经济部分的一个主要方面。

像槐里村这样的社区，地理位置相对较好，毗邻一条沥青公路。村子虽远离城镇中心,也会有一些小型项目的机会,这些项目是其经济发展前景的核心。即便如此,通过众多的个体项目来帮助妇女实现富裕,是极为劳动密集型的工作,并且一旦转成较大规模的活动,就不一定会将妇女置于当地经济发展的前沿。

三年后的 1995 年,即"双学"第二阶段的第一年,槐里村及其村民仍致力于基于小规模家庭项目的发展战略。但县和乡发展的重点已转向支持大规模的努力。"双学"的第二阶段与这种方法是匹配的,其重点转变为强调更高层次的培训,以适应更大的、对技术要求更高的项目。

槐里村及其周边地区以前主要是农业地区,但在 20 世纪 80 年代曾尝试向乡村工业转移。这条道路为中国许多农村地区带来了繁荣,特别是在地理位置优越的地区。不幸的是,这一地区进入乡村工业的起步时间较晚且发展乏力,在 20 世纪 90 年代的危机中,这个地区的乡村工业几乎全军覆没。但它在 20 世纪 90 年代恢复过来之后,将发展战略从乡村工业转变为商业化农业。这里的一个关键因素是与天津经济区不断增加的经济融合以及相应增多的市场机会。陵县坚信,它的最佳发展机会在于农业上的比较优势以及生产主要面向天津销售的商业化农作物,虽然它也在寻求更遥远的市场机会。该县奉行一个整合性的发展战略,即每个乡主要侧重于一种专门的特产并努力为其提供公共支持。大多数乡选择的专长都是蔬菜种植,然而槐里村所在的乡选择了大规模养鸡。与毗邻的各乡相比,这个乡没有强调蔬菜种植,这可能是导致槐里村庭院经济中集约化蔬菜种植减少的原因,在陵县其他地方,妇联则继续大力鼓励蔬菜和其他农作物的生产(刘佩英和黄建松,1995)。

槐里村及其周边地区的大规模养鸡主要是县政府和乡政府

的一项举措,尽管妇联也宣称有功劳,它确实对符合主流化的性别与发展(GAD)方法有一些介入。为了准备这项任务,乡里引来了一名畜牧业专家,她是来自天津的教授,还有她的两名学生。从 1994 年 3 月至 1995 年 6 月,她们一直待在乡里,在此期间她们给大家上养鸡课,并为乡里的农户提供雏鸡和设备,所有这些都是建立在商业化基础之上的,天津的专家可以从中获益,这对这个乡也有价值。1995 年,农村函授学院开始提供养鸡课程,该课程的对象是被选为养鸡项目点的那些村妇女。1995 年年底,乡党委书记终于得以宣布签署了一个重要的合资项目合同,主要向马来西亚和中国香港出口冷冻鸡。

与这一发展相关联的是,妇联提供的培训重点已发生了转移。她们开始与农村函授学院密切合作,这是相对较新的一个机构,旨在为农村提供比以前更先进而且更系统化的实用技术教育。它被正式定级为大专,但并不能严格等同于普通院校。学生们通过考试入学,初中毕业就可以报考;学生毕业时也要通过考试才有资格获得"农民技术员"的称号。学制为期一年,包括每 3 个月有一天接受专家指导,每月由本地技术人员授课一或两次以及学习大量的书本知识。

138 　　德州地区对农村函授学院提供的机遇非常感兴趣,陵县也是如此,从 1992 年起该县就建立了分校。教学地点、班级和学生的数量虽稳步增长,即便到 1993 年得到了妇联的认可,但注册入学的妇女还是相对较少。对此,妇联的回应是开设针对妇女的特殊班级。男性也可以参加,不过仅有少数男性参加了,其目标是将所教的课程与促进有利于妇女的当地发展联系起来。到 1994 年,目标是每个乡开办一个由 30 名妇女组成的班级。槐里村所在的乡后来实现了这一目标,来自该乡各个村庄的 30 名妇女组成了一个班。1995 年,共有 60 名妇女参与,作为乡里养鸡项目特别目标的三个村各来了 20 名妇女。据悉有 5 名槐里村妇女参加了这个班,尽管她们可能并不全是正式注册的(是允许旁听的)。这些农村妇女,每人都至少养了几百只鸡,也包括了槐里村的妇女主任,她自己并没有养鸡,但由于她的工作职责,她也要参加学习并起组织的作用。

虽不是所有妇女,甚至不是所有村庄都有机会接受农村函授学院的培训,但是人们期望它能培养出一支训练有素的女性技术骨干队伍,参加到重大的主流项目中去。这些妇女中总是少不了妇女主任,后者要组织妇女们上课,随后要通过"研究会"这个工具来引导她们。这些研究会于 1994 年年末在陵县成立,旨在将新近通过"双学"和农村函授学院等渠道接受过培训并得到官方认可的那些农村妇女召集在一起。这些研究会被描述为群众组织,即不是政府的一部分,但与政府保持紧密联系。到 1995 年年底,陵县共有 1 080 个研究会,槐里村所在乡就有一个。

槐里村本身不再是当地发展计划的中心。这些发展计划已转移到该乡的其他三个村庄,全乡共有 61 个村。不过,槐里村仍能利用为鸡肉出口项目提供的一些支持;这个项目提供了地方化的专门知识和资源,可用来为槐里村商业化鸡蛋生产提供助力,这时候槐里村刚开始扩大鸡蛋生产。但是,槐里村不再是妇联开展的妇女经济发展工作的一个优先目标。由于村与乡之间存在分歧,这时的槐里村没有党支部书记,在没有正规领导的情况下平稳度过了过渡期。此外,近年来对槐里村倾力支持的乡妇联主任已升任为另一个乡的副乡长(这是临近 1995 年世界妇女大会时提拔的妇女之一)。她的继任者还不熟悉妇联的工作。槐里村目前正处于一个妇女组织陷入组织连续体薄弱环节的典型处境。

支持妇女组织的寥寥几个岗位或是空缺的,或刚被填补上,而槐里村已不是任何外部支持的一个优先目标。

尽管存在这些限制性因素,槐里村的确有了一位活跃的妇女主任。她在1994年秋季获得任命。她年纪轻且有初中文化程度,因而符合妇女主任这个职位的关键标准,但她的创业能力不如其前任。用前些年使用的话来讲,她自己家里并没有一个项目,虽然她确实养了一两头牛,这在1995年被描述为她的家庭经济项目。养牛已成为槐里村农户中新流行的一个选择,她在这方面与当地农户的选择因而是一致的。但她的主要活动不是经济发展工作。她将经济发展方面的工作描述为"看谁的收入更高"。这是对实际上用于"双学"的竞赛标准的一个言简意赅的表述,也可以成为评模范的基础。她"双学"工作的另一个具体内容是鼓励妇女纳税。纳税是"双学"社会贡献的一部分,也是号召妇女运动工作者去做的一般性政治工作的一部分。自集体解散以来,税收在农村一直是个棘手的问题,在有众多家庭从事商业活动的地方尤其困难,这项工作1995年在槐里村因而非常重要。

然而,她并非只专注于"双学"工作,她还同时兼任村里的计划生育工作者,后面这项工作消耗了她大部分时间。既然乡政府给计划生育工作提供报酬,她从事这一兼职工作实际上有助于其家庭创收。这项工作主要包括确保每一个育龄妇女每3个月到乡里进行一次体检。如果一个妇女不按计划的时间去检查,计划生育工作人员有责任确保这个妇女这样做。这一措施不仅意在减少出生人口,而且降低堕胎的频率,尤其是妊娠晚期的引产率。她们可能也确实做到了这点。通常情况下,计划生育工作者还要负责有关生殖健康的教育,为此目的她举行过会议。当我们一起进行家访时,我发现这位妇女主任似乎非常了解计划生育目标年龄范围内的妇女们的状况,该年龄段的妇女恰好是经济发展工作瞄准的对象。她告诉我,这两个任务可以一并做。我推测这主要是通过妇女主任帮助妇女取得联系并从村里的模范那里获得帮助,这点可能实际上已做到了。很显然,经济发展工作没有前几年那么活跃。这种情况很可能存在于许多村庄,它们的政治或经济条件还远不如曾经的槐里村。在那种情况下,其他优先事项如征税和计划生育便走向前台,而对发展的支持则有选择地转向了其他村庄。

槐里村继续开展一些促进妇女发展或由妇女开展的活动。1995 年年底,村里 56 名妇女开展的项目取得了引人注目的成功,并在乡一级得到记载。这些项目包含先前项目的延续以及新推出的项目:养鸡、加工挂面、加工香油、经营粮油商店(私人开粮店得到允许之后)、做裁缝、卖服装、经营小旅馆、开饭馆、经营杂货店(销售食品及其他各种货物)、种蘑菇、卖蔬菜、经营诊所及回收废品。创建这些项目的创意和知识源于村里的范例以及各种机遇。妇女运动的正规渠道和非正规的妇女网络都创造了一些机会。

项目

"双学"活动如何随着时间的推移而发展以及它与妇女扫盲、教育和培训的关系,可以通过具体考察槐里村妇女如何开展家庭项目来进行探究。将所有农户分成不同的四类加以系统回顾,可以考察当地情况的多样性。为了证实通过教育或培训提高妇女素质是改善妇女在农村经济发展中地位的关键所在,有必要证明,教育或培训实际上确实对妇女起到了作用。这可以使用槐里村的数据来验证,这些数据既有 1989 年样本中相对较大而且存

141

在差异的共时数据,也有可以追溯 1989 至 1995 年间妇女中获得和传播经济上有用技能的历时性数据。

在我较早的著作(Judd,1994)中,利用了 1989 年槐里村 40 户从事不同经济活动的家庭样本,我将它们进行了分类:(1)专业户:槐里村当时得到官方认可的专业户。这些专业户的特征是经营的家庭项目颇为成功,他们已放弃使用村里的耕地;(2)自我认定的专业户:他们经营着重要的家庭项目,但没有正式被承认为专业户,而且也没有放弃其分配的土地;(3)普通农户。这里的表 6-2 复制了我 1994 年书中的表 4-3,我在表里列出了1989 年 40 户样本的每一户中核心夫妇成员所取得的最高受教育水平。该表支持了这样一个论点,即较高的教育水平与该户能在非集体化早期阶段成为专业户之间存在着关联性。这也表明上述三类女性之间的差异比男性之间的更为明显,这一发现与槐里村女性受教育程度的差异范围比男性更大这点也是吻合的。正如我当时所论述的,成功的夫妻合作关系是多数这些专业户的经济核心,而妇女为其家庭项目作出重大贡献的能力,可能对家庭的整体经济成功具有决定性作用。①

---

① 尽管我在讨论经济上有用技能的正规和非正规传播模式时额外使用了 1990、1992和 1995 年的农户信息,我考虑过并拒绝了基于 90 户总样本重新计算明显差异的可能性。槐里村不再确定"专业户"这个类别,从前属于这一类的所有农户现在像其他家庭一样分配到同样的人均土地,它们可能让村里关系密切的一户来耕种。所以,真正的专业户与那些有中小型项目的农户之间并不存在任何清晰的标记。尽管在家庭命运的兴衰沉浮上有一些变化,最初的一拨专业户的确包含了那时得到认可的全部专业户。在仅有几年间隔的重访中,我不想重构一个类似的村里农户截面图,而是聚焦于近期发生了重大变化的农户,并将我的兴趣扩展到拥有更新且通常规模更小项目的农户。1989 年的样本因而可以很好地当作一个共时的基础。后来追加的样本得以探究如何获得培训,或者技能是如何传给后来开启项目的农户的,比如靠自己,或是同像"双学"这样的官方活动有关。将早期专业户单列也是更可取的,因为他们的确是在有别于随后一些年份的不同环境下取得了突破。

表 6-2 1989 年槐里村 40 户核心成年夫妇获得的最高受教育水平

教育[a]	户的类别					
	非专业户		"专业户"[b]		专业户	
	妇女 (18)	男性 (18)	妇女 (13)	男性 (12)	妇女 (9)	男性 (9)
未受过教育	10	2	3	0	1	0
小学	6	8[d]	8	11[c]	0	2
初中	2	5[b]	2	1[d]	4	3
高中	0	2	0	0	2[d]	3[c]
更高	0	1	0	0	2	1

注释:核心成年夫妇中的一个例外是有一户,其经济数字是该户(未婚)长女的。她代替其母亲和继父被包含在这些数字中。

a. 在每一个个案中,这些程度应被解读为"这个水平上的至少某些教育"。高等教育包括教师培训三例和护理人员培训一例。

b. 一些农户自认为是专业户,虽然他们不符合官方专业户的标准,而且仍旧耕种土地。他们比一般农户更多地卷入非农项目,属于过渡性的一个类别。

c. 这一类别中有一个人在服役期间也受过进一步教育。

d. 这个类别中有一人也完成了学徒期。

更仔细的探究表明,那些取得明显成功的专业户的状况,与基于素质尤其是"双学"活动的策略之有效性问题有着颇为复杂的关系。表 6-3 呈现了上表中 9 个专业户以及一个自我认定专业户的更详细信息。基于我 1988 年、1992 年和 1995 年访问时了解到的经济活动情况,这户也更适合与那些户归在一起(1989年对于该户来说是一个反常的年份)。从表 6-3 中可以明显看出,集体一解体,所有这些农户都迅速转入了私营部门,这表明了相当大的创业积极性。有几户的活动是完全商业化的(如批发 *143* 商),而对于其他户,商业在家庭经济(酒店和至少一家餐馆)中发挥了重要作用。

"双学"倡议并不指向协助妇女进入商业领域,而落实这一倡议的地方妇联干部与农村妇女和男性广泛表达的观点一致,即商业活动需要市场信息,但不需要任何培训。尽管有时市场信息是通过妇女运动的渠道传递的,但不曾努力提供过与经商相关的任何培训。除了小买卖,农村经济的这个领域是最有利可图的领域之一,被认为自然而然可以吸引人们参与其中。①而且,这一倡议似乎不像对待最初取得成功的许多专业户那样,它并没有倾向于寻找在一个新领域取得突破的那些妇女。反之,"双学"活动旨在吸收在经济富足上已自主实现了突破的妇女,将这类妇女树立为模范(女能手)并鼓励她们帮助其他妇女进入某个专业化生产领域。

对于第二代或随后的一代创业妇女来说,教育和创业精神等一些同样的要求可能不再适用,而缺少这些似乎也不是那么不可逾越的障碍。特别是当同技术培训与某些有组织支持相结合的情况下尤其如此,重要的是注意到,技术传播和经济支持的非正式渠道在同时运作。尽管官方描述此倡议为农村妇女增加了一个缺失的维度,但我所观察到的过程是一种更为复杂的结合,既挪用了非正规做事方法,又通过正规渠道将它们扩大。官方妇女运动增添了资源、组织和官方地位,它还得益于与成功的农村企业家建立联系。

---

① 槐里村的妇女和男性在做小生意上都很积极。到1995年,一些妇女正立足于本地市场,只加价5%出售少量现货,最常见的是卖婴儿服装。这涉及将货物运到市场的相当繁重的工作,而回报又那么少,因而这不是一个吸引人的选择。这类工作存在女性化的趋势是有可能的,尽管涉足的人数太少以至于不能就此得出结论。

表 6 - 3　1989 年槐里村的专业户、教育和初始条件

农户	项目	教育 妻子	丈夫	初始条件
H89 - 3	餐馆	一些初中教育；以前当学校老师	一些小学教育，在部队受过厨师培训	集体解体之前，承办一些酒席作为副业；集体一解体就承租了坐落在主道边上的村里房屋；开了村里第一家餐馆；利用了丈夫的技能和妻子所受的教育与创业精神。
H89 - 35	镜子生产；餐馆；商店	一些初中教育	一些小学教育	从 1960 年开始，丈夫在东北及其他地方打工工作时，获得了坐落制作的技能；1983 年在槐里村开始了自己的镜子生产；雇用劳动力（用作雇用劳力）在餐馆劳动；开了镜店并逐渐淘汰。
H89 - 13	批发	高中；以前当教师	高中	在集体解体之前，妻子成了富有的家庭主妇，逐渐将它变为一项获利颇丰的批发生意；1989 年年初卖掉，丈夫成为县城的工厂厂长，而妻子的作用成为且更为重要。
H89 - 24	假牙制作	高中；四年学徒	初中	始于 1982 年，妻子从其父亲那里学会制作假牙的家庭手艺，此前只传给男性后裔；丈夫也从大人处并通过自身学会了一些牙科技术，与妻子互补；这对夫妻的机会促使他离开了生产队里的电工职位。
H89 - 14	蘑菇	初中	高中；半个月种植蘑菇的培训课程	1986 年丈夫看到广告到济南参加了蘑菇培训课，学会了种植蘑菇生意；当项目扩大并多样化之后，妻子的作用后来变得更为重要，在妻子的协助下，发展起

农户	项目	教育		初始条件
		妻子	丈夫	
H89-10	旅馆商店	中等师范	中等师范	集体一解体,这对富有创业精神的夫妻立即转入了私营活动;1984年开始经营小店;1988年起用银行贷款经营旅店;夫妻双方都足智多谋地开展了理财和投机买卖;经营村里唯一一出售阅读材料的店铺。
H89-16	饭店	无	一些高中教育;部队的培训	丈夫是村里的政治领导者,他1985年离开后在别处开设了一家食品店,丈夫显然很有人脉和创业精神,1987年起,在槐里村建立了一个招待方客人的饭店;文盲妻子向雇来的厨师学习,成了熟练的厨师;妻子的妹妹当会计,丈夫返回后兼职从事政治工作,政商结合带来了盈利。
H89-11	裁缝;修理自行车	初中	初中	集体解体不久,妻子的缝纫技能和良好政治联系,使这对夫妻在她的娘家槐里村获得了最适宜的商业场地;她经营着裁缝作坊;他经营自行车修理铺。
H89-8	养鸡养猪	小学	初中;在另一个乡受过2-3个月兽医培训	集体解体不久就开办了村里最早的大规模养鸡活动;妻子获得了公开承认,大约在20世纪80年代就受过兽医培训,而且是村里唯一一在职的兽医。
H89-17	批发	小学;受过三年卫生员的培训;以前是小队会计	初中	1984年从零售起步,发展起食品批发业务,到1989年已有两个批发网点;起初,这对夫妻与丈夫的兄弟合伙经营,但到1989年变为仅有夫妻合作。

试图评估某个农村人的教育或培训与其经济成功之间的直接关系,可能比立马看到的更为困难。这种情况与就业的情形不可比,在就业领域,个人资历很可能是就业能力和薪酬水平的一个因素。就家庭企业或自主创业而言,至关重要的是所涉的经济单位(这里指农户)是否有机会获得必不可少的资源,而教育和培训只是其中一部分。户内有一个人具有相对高的教育、培训或创业精神,可能就足以使整个农户经营一个项目。户内有一个人成为关键性的人力资源,然后必要时培训户内其他成员的情况也不乏其例。表 6 - 2 中的数据可能说明,核心夫妇两人的受教育程度如果都高于平均教育水平的话,该户就会占有优势。尽管表6 - 3 中呈现的主要个案也表明,户内一个成员(丈夫或者妻子)的能力如何有可能成为项目启动的关键所在。

分享经济上有用的知识对于扩大当地发展的战略至关重要。某种类型的知识,主要是商业知识和家庭财务知识,不易跨越家庭界线来分享,除非在户际间合作的情形下,但户际合作这种做法在槐里村并不受青睐。农户之间更倾向于彼此在经济上保持清晰的界限,唯一的例外近期也出现了分歧。在中国农村,分享对于商业和投机成功至关重要的商业知识十分罕见。

分享技术知识可能会导致本地竞争的加剧,这可能也不会受到成功农户的热烈欢迎。某些形式的技术知识过于专业化(如制造假牙),以至于无法广泛分享。甚至还有这样一种情况,槐里村有个从事某行业的有技术妇女,她跟随父亲当学徒,出师多年之后仍觉得自己有义务免费为她父亲完成其 60％的工作。文化规范限制了一些其他技能(如制造芝麻香油的传统工艺)在家庭内部共享,即便这种技能更为普遍。成功的家庭可能会面临要求他们分享一些技术知识的各种社会和政治压力,假如这种知识不是商业性的。农村经济组织朝着更大规模、更复杂形式迈进的这一趋势,正在推动着这一进程。成功的农户可以与其他家庭分享一个过程某个部分的知识,而原有农户保留了技术和经济上的优势,并从这种关系中受益。即使业已成功的农户,也有可能得益于获取额外的技术咨询,特别是伴随农村生产迅速变得更加资本化。

对于在经济发展的第二代或其后进入某个专业化生产领域的农户,要评估教育或培训与其家庭经济成功之间的关系,这些考量至关重要。在这一点上,最初可资利用的作为家庭资源的教育或培训,可能不如技术知识传播和获得技术援助的模式那么重要。

通过探究 20 世纪 90 年代初槐里村许多家庭涉足的三个经济活动领域,我将讨论这个问题。每个领域都要求接受"双学"中倡导的那类技术培训:量体裁衣的裁缝工作;大规模蘑菇栽培以及大规模肉鸡和蛋鸡饲养。①

量体裁衣的裁缝工作

服装裁剪加工既是槐里村自发的经济活动领域,也是县妇联 1987 年在其努力转向经济发展工作早期在该村积极推动的一个

---

① 除农业之外,新加入者数量最多的经济领域实际上是其他领域。槐里村便利的位置提供了销售机会。许多家庭都致力于规模非常小的小幅加价的零售业。我没有关注这个主题,因为它并不是我探究的妇女运动策略的一部分。它通常也并非有利可图,除非能有效地锁定某个专业领域,或者一户人家可以转做批发。第二个重要领域是机动车运输。我没有把这个领域囊括进来,是因为在槐里村做这项工作的只有男人。然而,可能值得注意的是,少数男人由于在集体化时代受过驾驶员的培训,他们的确具有最初的优势,但其他许多男性也获得了一定程度的技能,并进入到这个不断扩展而且相对有利可图的领域。

技术领域。关键性人物是一名年轻妇女,她靠自学成了一名技艺精湛的女裁缝。这里不是她娘家村,1984 年以前,她不在槐里村工作。最早的机会是基于她与当时村党支部书记的良好关系(无亲缘关系),从而获得了村庄边缘毗邻公路的一块建房地(当时被描述为一条沟),这里距一个附近村庄的集市不远。她在那个场地开了一家缝纫作坊,而她丈夫则将他的修车铺搬到了同一地点。① 1988 年年初我第一次造访时,她有 6 个学徒在那里工作,这是在年终最忙的时候,她一年中通常只有两个学徒。一个学徒大约劳动一年,无须支付学费,也不会收到工钱或任何其他报酬。学徒期结束后,每个人都可以外出自立门户,尽管有些人可能会工作更长时间或在作坊高峰期返回来帮忙。

　　由于支付的成本不高,招收学徒所需的技术与管理技能对于服装领域取得经济成功似乎至关重要。这个领域受到了双重挤压,一方面,有缝纫机的妇女可以自己缝制衣服,另一方面,由于当地市场上时髦的成衣日益增多,比起购买现成服装来说,服装裁剪加工是一种低成本的替代选择。它要求裁缝们去当地市场展示其手艺并接收订单,她将在下一个赶集日把做好的衣服返还给客户。个体经营的女裁缝可以靠做这个赚到钱,但这需要在一个竞争激烈的市场中发展客户,并在工期紧张的情况下拼命工作才能赚到合理的收入。村里较为成功的女裁缝都已招收学徒,或者几年后离开这个领域进入与此无关的其他商业领域。

---

① 这不是入赘婚的一个案例。这对夫妇是在别处当工厂临时合同工时邂逅的。丈夫来自一个远离良好商业场所的村庄,但已获得了城市户籍。妻子婚后将她的农业户籍转到了他的村里,有一阵在那个村还分到了土地,并一直由她丈夫的一个亲戚耕种。他们居住在她的娘家村,这一安排似乎纯粹是为了商业上的原因(良好的地理位置)。这个妻子的确有一个兄弟,她似乎能享有待在其娘家村的居住优势,却没有招致一个入赘婚的劣势。

然而,这个领域确实吸引到了学徒。该村的几个妇女至少做了几年时间的裁缝并从中得益。这些妇女中的多数都与这个早期女裁缝——企业家有关。在 1995 年最近一次实地考察之时,她已将其以前的裁缝作坊改为与丈夫共同经营的自行车零配件店铺,这似乎提供了一种省力的好日子。她以前的两个学徒继续做裁缝工作。一个是她的妹妹,后者在自己娘家之外独自工作,自从她姐姐关闭裁缝铺之后,她仍在那里继续做裁缝,此前她在姐姐的裁缝店里干过 4 年。另一名学徒也在同一店铺劳作,她在那里度过的时间也比通常更久,她于两年后离开,并于 1989 年开始自立门户。到 1995 年,她也有了两名学徒(她的姐妹和一个姨表妹),她期望在嫁到邻村后能继续做这项工作。

当裁缝的一个优势当然是在市场中的流动性以及脱离公共机构的独立性。它也可以充当妇女积累一些资本的手段,妇女而后可以进入不太劳累并更能赚钱的领域。村里作为女裁缝取得独立成功的另一位妇女,也是在 20 世纪 80 年代初自学成才的,她到了 90 年代从裁缝转向经营一家食品批发小店。

在槐里村,缝纫和种菜是妇女组织最早提供的两个培训主题。1987 年,负责该村工作的县妇联干部组织了两次为期半个月的缝纫课程,由村里最好的女裁缝来传授,还有两次为期一天的蔬菜种植课程。这两门课程都是建立在该社区已有的技能之上的。这个熟练的女裁缝声称,有五六个上她的课的妇女在课程结束后能独立销售自己的产品,尽管这种渠道似乎无法与一个完整的学徒期相提并论。这样的技术技能在某种程度上可以通过公开举办的课程来传播,授课的是由官方请来自愿担任教师的成功女性,但传播的主要渠道似乎是基于市场状况的学徒制。进一步讲,对少数可能没有其他机会提升其技能的妇女来说,这种培训可能是重要的,不过,通过这种有限培训计划所提供的未来前景可能不算乐观。

蘑菇栽培

在陵县的经济作物中,蘑菇和其他种类的食用菌具有特殊的潜力,因为它们的销售可以不依赖靠近城市中心的地理位置。陵县妇联将食用菌选为该县最有希望的发展领域之一,并于1994年集中精力在该县的一个乡实现了这个领域的突破。然而,槐里村没有坐落在那个乡,槐里村种植的是另外一种蘑菇。这两项活动都考虑到了蘑菇栽培的经济潜力,但相互之间是独立发展的。

培育新鲜蘑菇的项目与槐里村一位早期女能手有关,她的故事偶尔也被妇联当作现场会的主题以证明其显著成功。这是个家庭经营的企业,由一对年轻的已婚夫妇于1986年开创。丈夫是一名高中毕业生,看到了山东省省会济南市举办为期半个月课程的一则广告,他就去参加了。回来之后,这对夫妇先在自家院里开始了小规模经营,后来扩展到在他们菜地建造了一个塑料大棚。这项经营的核心经济人物是丈夫,但妻子也参与其中。她的作用有些波动,部分原因是在接下来的几年中她要照顾两个孩子。她在早年涉足蘑菇种植和当地销售。在繁忙的季节,该户还雇用一两个季节性劳工。1991年,利用蘑菇生产积累的资金,该户又在自家院里增加了一个废品回收的项目,由妻子负责经营。与在温室大棚里的工作相比,这更易于兼顾照料年幼的孩子。不过,她继续做一些蘑菇种植的工作,并去最近开始种植蘑菇的另外三户的大棚给予指导。此后不久,这对夫妇试图搬去天津,他们在那里租地种蘑菇,然后在那个大城市卖掉。但他们发现,租地和租房的成本超过了靠近城市市场的优势,他们于是回到了槐里村。1995 年,丈夫购买了一辆大卡车,开始跑长途运输,这是农村创业者最赚钱的领域之一。妻子放弃了废品回收,并在一名雇工的帮助下亲自负责经营颇具规模的蘑菇生意。这门生意已扩大为两个大棚,此外,她们还在家里培育菌种,销售给方圆超过 40 里的农户。该户从一开始就成为技术最先进且多样化的本地生产者,并能做生意为其他家庭供货。

我第一次访问这个创业户时发现,他们似乎有些不愿意分享他们的知识,因为这会导致当地市场变得拥挤不堪,尽管丈夫此时正准备将菌种卖给一个叔叔并帮助他开始种植蘑菇。进入这151 一领域虽受到所需资金和植物病虫害风险的限制,随后还是有其他几户人家跟进来了。甚至迟至 1995 年,市场显然没有变得人满为患。

我访谈过的得到公认的第二个蘑菇栽培大户,到 1995 年进入这一行已六七年了。这户的一对夫妇 60 多岁,他们独自生活,为人非常谦和。主要生产者是丈夫,妻子参与栽培蘑菇,同时还帮助照看一个孙子。这位丈夫说,他起初从事蘑菇生产受到了最早那个蘑菇种植者的鼓励,后者劝告说种蘑菇可以赚钱,而且是适合年长夫妇的轻体力活。这对夫妻的儿子和女婿帮他们在自家庭院里挖了一个坑并在上面架起了一个大棚,而最早的蘑菇种植者提供了菌种来源。他们确实对植物病虫害的风险有过一些担忧,但这户认为种蘑菇在技术上并不难。他们没有接受过种植蘑菇的任何培训,只是直接从第一个蘑菇生产户那里学会了必要的技术。

从事多种经营的另一户(生产芝麻油,开着一家小店,还在集市上卖服装),也是从第一户那里学会了蘑菇的生产,菌种也同样是从那里获得的。该户的成年儿子 1992 年转向蘑菇生产,他当时遭遇了裁员,从教师工作中下岗。三年后,他仍在生产蘑菇,并认为这是有钱可赚的。他还查阅了有关蘑菇种植的书籍。

第四户与最早蘑菇生产者的联系更直接得多。到 1995 年,当这户开始自己生产蘑菇时,这家的大女儿已为最初那户干了三年。这个 19 岁的姑娘是村里同龄妇女中的少数文盲之一。她的家境比较特殊,是该村中唯一一户早先迁移到东北,并在 20 世纪 80 年代中叶返乡参与了分田到户。这个家庭显然一直很穷,返乡时既无资源也没有受过什么教育。父母都不识字,也没有技能。父亲在村里的搬运队工作,这个村里给无技能的男性提供一些搬运工作;母亲负责耕种家里分到的土地。这些工作的每一样虽费力,却没有一种可提供好的收入。他们的两个女儿中大女儿(家里没有儿子)的蘑菇种植技能是该户的一个重要经济来源。1995 年当我拜访时,这户人家刚开始在地面肮脏的一个房间里小规模种植蘑菇,他们搬空屋里的家具腾出种植空间。这一户曾向亲戚借钱来启动这个项目,但仍只能从小规模开始。妇女主任一直与这户的女儿保持联系,以帮她解决技术性事务,但并未涉及财务上的帮助。

对于另一个邻居来说,这个年轻女子也是一个重要资源,这户同时开始种植蘑菇。他们也是村里较不富裕的人家之一。在种植蘑菇之前,妻子在家做豆腐,丈夫拿到村子的路边去卖,他们也耕种自家和亲戚家的土地。在"大跃进"期间,丈夫失去了父母,后来是在孤儿院里长大的,但确实受过几年教育。妻子说,她从未想过上学或参加扫盲班,也从来没有这么做过。当种植蘑菇的机会出现时,他们动用了自己的积蓄并借了一点钱来支付建筑、菌种和塑料的成本。他们希望能在一年之内还清贷款。这户的关键性因素是获得了其邻居女儿的技术知识。

就种植蘑菇而言，具有较高的教育程度和创业精神，对于在槐里村启动蘑菇种植似乎必不可少，但对后来跟进的每户而言却并不必要。知识既通过男性也通过女性来传播，并且在村内可以持续获得相当有见识的信息来源。

肉鸡与鸡蛋生产

在我较早访问该村期间，只有一户养鸡比较多。这户很早就进入这一行业，其成功最有可能是基于丈夫的兽医培训和妻子的辛勤劳动。1988 年我第一次访问槐里村时，这户在院子的一个厢房里饲养了 350 只鸡，这名妇女被当作农村妇女成功发展庭院经济的一个模范。自从集体解体一直到 1995 年，这户人家养鸡一直维持在这个规模，只有 1989 年是个例外，当年妻子养了一些猪，而她丈夫则在寻找其他经济途径。他们不久恢复了养鸡，1992 年还打算租用该村的一些破旧建筑来饲养几千只鸡。到1995 年年底，数千只鸡和 34 头猪充斥了那个空间，并在稍远的一个场所还养了更多鸡，共计六千只。他们还租了店面，开了一个饲料店、一个兽药店及鸡蛋转售站。他们拥有该村最大的鸡蛋生产企业，是唯一一个提供全方位服务的企业，也是唯一一家部分转入肉鸡生产的企业。最后这个特征特别重要，因为该乡1995 年推出了出口冷冻鸡的项目。这是槐里村唯一能够参与该项目的一户，这个项目主要针对附近的三个村庄。这户的妻子特别勤劳。在地位得到巩固之前，她对于透露关于他们巨大经济成功的任何信息都非常小心谨慎，直到 20 世纪 90 年代扩大养鸡规模后，才表现出为该村其他户提供技术帮助的迹象。但在 1995

年访问时,其他几户都提到他们家是一个技术来源。在整个这个时期,妻子都是一个生产模范,他们家被当作农村经济成功的典范经常接待来访者。

只是乡一级发起养鸡活动后,槐里村的养鸡规模才扩大。除了饲养蛋鸡,最初的这户也开始饲养肉鸡。另有四户也开始养蛋鸡。

进入养鸡领域的第二户是两兄弟家庭之间的合作。弟弟是乡政府的司机,并通过这个渠道获知养鸡的机会。他家拿出了三亩耕地,两户人家都出劳力并获得一笔贷款作为创始投资。哥哥成为企业负责人,1994 年年初创办该企业时,两家的妻子和一个女儿都参加了由来自天津的教授开设的学习班,后来旁听了农村函授学院提供的课程。① 他们从教授那里获得了八千多只雏鸡,并依赖这个教授和最先养鸡的那户获得技术帮助。这个经营活动似乎到 1995 年年底就已蓬勃发展,并开始与一个更新的养鸡户建立了联系。该户专注于大规模生产鸡蛋,因此将不参与出口项目,但他得益于乡里提供的一般性养鸡指导。

听到乡里的养鸡项目的消息后,1994 年秋季,第四户开始饲养了 360 只鸡。这户人家从乡里最好的一个邻村养鸡户那里获得了两个月大的鸡(这些鸡已度过了最脆弱的早期阶段),并从槐里村的第一个养鸡户那里获得了专门的鸡饲料和小鸡养护方法。这户意识到鸡要养得好需要专门的营养物,由于饲料可以从村里的另一户购得,因此无须掌握该领域的任何技术知识。这户的

---

① 据报告,槐里村参加过农村函授学院学习的五名妇女包括这三名妇女、第一个养鸡户的妇女及新的妇女主任,她没有养鸡,但要参与技术培训。

妇女是主要的养鸡者,她受过小学教育,她在乡里时确实去找过那位教授寻求兽医方面的帮助,但她错过了天津教授提供的培训。正如这户所揭示的,大规模养鸡需要培训和专门知识,但较晚进入这一领域的农户实际上无须接受正式培训即可以获得必要的技术资源。

这种情况对于槐里村涉足大规模养鸡的第五户来说更为明显。这户还饲养了三百多只蛋鸡。这户妇女从天津那位教授那里购买的雏鸡还小,处于脆弱阶段,但她仅损失了约 20 只雏鸡,她把第一个养鸡户饲料厂的谷物饲料与从合伙的两户那里购得的养料混合在一起喂鸡。这户妇女说,她自己处理病鸡(前述一个养鸡户的妇女也开始这么做),她还表达了养鸡并不难的意思。从培训计划的视角来看,这里饶有兴趣的一点是,这个妇女从未上过学,也没有参加过任何正式的培训班。但她能从乡里和村里其他户那里获得必要的技术和物质资源。[①] 尽管她看似没有从官方活动中正式受益,但她实际上以非正式方式从这些活动中获益了。通过公共渠道提供的官方活动与通过市场关系运作的非正式户际关系之间的联系,对于新兴的"双学"活动的实际运作至关重要。妇联实际上非常清楚,这些活动有赖于起步早的企业家及户际之间的非正式渠道,并将这种联系视为一种力量的源泉。

观察

通过定期的内部渠道,妇联持续对庭院经济和"双学"进行检

---

① 她丈夫是一名学校教师。当地老师的工作时间较长,没有迹象表明他直接参与了养鸡,但他所受的教育对其妻子可能有一些帮助。

查,以监测政策及实施。① 在外人看来,正式报告所呈现的积极意义,似乎有可能具有迷惑性,因为它们在中国基于这样一种共识,即话语的权力会塑造未来。换言之,当报告写就的时候,也很有可能同时在确认并解决存在的障碍。这一历史过程在这里所描述活动的短暂间歇中所进行的调整中显而易见。这些陈述比其他任何资料都更清晰地说明了什么是内部发现的成功或成效,需要改变的又是什么。

基于这些历史过程,基于多年来与妇女主任和妇联工作人员的讨论(她们都十分慷慨并有耐心),也基于这一时期我在槐里村的所闻所见,我在此冒昧提出几点观察结果。 *156*

第一,动员不仅仅是过去的重复,但它确实与过去迥然不同。农村有了更多机会,妇女参与经济公共领域的一些障碍比过去(包括不久前的过去)少得多。由于所受教育、技能、家庭与亲属关系或者创业天分较好,一些妇女处于有利位置,她们因而能够更易于利用这些机会。但这些妇女人数相对较少,特别是在庭院经济和两个阶段的"双学"活动所瞄准的经济不那么繁荣的地区。这些举措中的每一项都在动员资源和人力方面进一步扩大机会,譬如,通过在院子里种菜和香椿,建立小型家庭项目,或追随较早

---

① 妇联具有持续的报告机制,来对妇女运动的活动进行评估和反思。至于到何时会正式提交书面报告,一个公认的框架是对前一个时期(六个月或一年)所取得的成就作一个综合性审查,并阐述下一个阶段总体方向和特定目标。我得到允许阅读了相当多这类报告,并发现它们总是积极的。这些报告及已发布报告的撰写惯例是鼓励广泛报道目标和模范人物的数字成就。这些报告是很能说明问题的,展示了妇联工作人员执行政策或个人模范在市场经济中取得成功的详尽事例。当这些文件必须服务于促进妇联的工作和政策时,从中收集一定数量的细节是有可能的。此外,上一级工作人员对下一级的定期检查,如地区妇联对县妇联,有可能会经过几天正式和非正式的讨论。通过这些渠道特别是通过口头的途径,确认所存在的问题并制定政策调整方案。

企业家的道路。市场开放本身不会自然而然地形成这里记录的活动水平。完成这项工作部分靠劝导,也需要努力帮助那些缺乏必要资源的妇女。需要为妇女提供关于当地可行经济机会的建议,提供实用培训,在某些情况下帮助妇女获得资金,或者帮助妇女与劳模挂钩,由后者给予指导。成功的程度十分有限,而且并非总是持久不变的。但是,动员确实意味着它影响到了更多妇女和处境更不利的妇女,如果没有动员的话,这是无法做到的。

第二,在寻找新的更有效的动员妇女的手段时,妇联诉诸竞争的理念。竞争以前也存在过,尽管那时更强调合作。所以,所发生的变化不仅仅是引入了竞争,而是构建和使用竞争的特定方式。正规"竞赛"本身似乎争夺并不激烈,或者说并未促进竞争。关键性因素不在于竞争,而是登记参与竞赛。通过登记的机制,"双学"便有别于典型的动员运动,后者主要通过行政命令要求每个人都参加。对于市场活动中的一个关键性因素即竞争来说,"双学"活动以自愿参加的术语来界定参与。即便登记的内容实质上侧重于履行义务(如纳税)和完成目标(生产水平),通过竞争,"双学"仍可通过市场价值观获得一些新的合法性。

正式竞赛的标准明确支配着登记参加竞赛的妇女之间的直接竞争。所有这些都意在为(官方定义的)共同的社会目标作出贡献,并帮助有特殊需要的那些人。这种要求可能会特别针对那些成功的女性提出来,她们最有可能参与模范的评选。正式竞赛的一个主要目标是通过市场中可展示的和可衡量的成功,提升"双学"模范人物和所有参与者的形象,这是一种相对抽象和非个人化的方法。

第三,正是这种向市场转向并将市场关系嵌入"双学"活动之中,使这一活动有别于早先的动员努力。在早先运动中也有日标、模范和竞赛。而在"双学"中,界定标准是市场的成功。妇女可能因明显不遵守某些其他因素,如计划生育政策等,而被排除在成功之外,但唯有在市场上取得成功,她们才能成为模范,而市场是在"双学"、妇联,甚至某种程度上在国家任何部门控制之外的。① 这一活动遂变成由市场运作来界定,而妇女运动丧失了对成功模范标准的决定性控制权。

这一变革的必然结果是,妇女工作嵌入了以市场为导向的经济活动的主流之中。妇女主任和妇联工作人员开始扮演类似于经济发展官员们的角色。就与国家发展计划和与家庭经济目标的关联而言,这都促进了其地位的合法化。妇女运动在这个方面坚定站在当代官方认可的价值观主流之中。

第四,为了妇女在社会主流中的有效运转,也努力在农村社会生活的外部领域为妇女开发新的组织工具。这是一项艰巨的任务,因为它隐含地挑战了女主内的传统性别模式,并且必须超越农村妇女运动的组织脆弱性。在所有村庄,妇女主任最低限度的(有时仅仅名义上的)存在是正式的,但未必有效。"双学"和同时开展的机构建设活动的许多创新性特色都针对这个问题。选择适应市场的妇女主任,通过她们在模范与处境不利的妇女之间建立联系,在农村函授学院创建妇女班,以及通过妇女之家和研究会建立新的网络等,所有这些措施都为妇女开辟一个空间,并从组织上加以巩固。这些措施在这里可以被看作仅是不成熟的形式,但它们在为中国农村妇女提供正式和非正式组织工具方面却具有潜在的重要意义。创造这些组织化工具的过程表明,妇女

①　从正规角度看,情况似乎是这样的,但国家可以进行干预以帮助妇女或特殊妇女,就像帮助妇女主任开启其市场项目一样。

运动对于市场条件下有效组织的了解做出了创造性尝试。

第五,这一知识通过特殊实践来表达。这些实践是用素质、妇女运动本身以及农村妇女的教育和创业能力来概念化和实现的。在基层做妇女工作的妇女们不断向我强调素质的重要性,这也导致了我开启这项研究,这一探究确实在一些重要方面证实了她们的观点。能够闯入经济活动的新领域并从中获益的妇女,往往具有较高的教育、技能和经济知识水平。妇女能够从中受益的还有各种不那么直接的方法,譬如通过家庭成员、妇女组织、乐于助人的模范,或者非正式的联系,但通过这些渠道增加收入的妇女,较少获得成功,也较少能控制她们自己的生活和未来。她们在很大程度上依赖于他人,不管那些人是多么善良和蔼或助人为乐。在这里,妇女运动超越了简单计算增加了多少收入或新增了多少家庭项目,它们着力于解决在市场上开拓活动的能力与跟进能力之间差距的根源所在。聚焦于素质的方法有可能是一种策略,这种策略虽通过市场发挥作用,但它所表达的价值观却超越了市场。

第七章 城市妇女的联谊会

　　早在 20 世纪 80 年代，官方妇女运动就开展了一系列活动来扩大其活动范围，与此同时，在妇女运动之外，妇女们也开始非正式地组织起来。在此之前，妇联的传统重点是农村，而城市的工作主要是针对女工并通过官方工会进行。但在 20 世纪 80 年代后期，妇女运动重新焕发活力，在城市和农村都在不断拓展和创新。我对妇联以外出现的新组织形式特别感兴趣，并在 20 世纪 80 年代后期初步接触到山东省妇女采用的联谊会这种形式，山东省当属这一创新活动开展得较早而且较活跃的一个地区。①

　　这些联谊会与我以前想象的不大相同。它们主要是相对有权势妇女的组织：高级官员、企业管理者和高级知识分子。这些妇女出于自身的特殊原因而关切素质问题，并积极就这个问题展开辩论，这在很大程度上是因为她们在外部领域经历了对其角色的全新挑战。这些挑战颇为复杂，涉及妇女是否适合担任领导职务的若干方面。妇女的反应也各不相同，但其中有两点特别引人注目，这与在农村同时开展的活动在反思和行动上可谓异曲同工：即妇女创造了可以相互支持的新组织工具，而且她们展示了

---

① 农村也组建了妇女联谊会，尽管它们似乎较少引起关注。我自己从未直接接触到任何一个。关于广州类似活动的简要说明，参见 Chan(1994)。

自身素质并在此基础上努力向前迈进。这个过程恰好处于社会
阶级分化增长之时,享有特权的城市妇女正在关注类似于农村妇
女遭遇的同样问题,不过她们处于向妇女开放的权力和声誉连续
体的另一端。

160

本章考察的妇女联谊会是 20 世纪 80 年代末高级专业人员、
知识分子和管理层的妇女们,或独立或回应妇联的倡议而组成
的。① 这代表了中国有趣而颇具创新的一个转变。1949 年以来
的大部分时间里,官方的妇联及与之相关的体系一直是唯一合法
甚至唯一可能的组织妇女的渠道。我本人对这些联谊会的兴趣
是基于这种创新元素,但到我将它们作为田野调查的一个优先事
项时,政治环境在 20 世纪 90 年代发生了一些变化,这些联谊会
只能在官方妇联的正式监督下继续运转。联谊会在早期与妇联
之间的组织联系较重要,随着改革开放时代中国妇女继续组织起
来,这些联谊会后来变得至关重要。

我的讨论是基于对 1990 年山东省一个联谊会样本的研究。
我与济南(省会城市)、青岛(主要的经济中心)和济宁(不太富裕
的内陆城市)等若干联谊会的领导人和成员进行了交谈和访谈。
我最广泛接触的联谊会包括两个艺术界的、两个知识分子的、一
个高级官员和企业管理者的以及一个企业经理和企业家的。②
我召集每个联谊会的领导人和组织者以及与这些联谊会相关的
妇联开了小组会,我还对这些联谊会的个体成员进行了 34 次访
谈,被访者代表了各种个人与职业情形以及参与联谊会活动的程

---

① 联谊会在此时迅猛增加,而且不仅仅出现在妇女运动中,见 Bonnin & Chevrier
(1991)和 Howell(1994)。

② 这项研究是公开进行的,得到了官方允许。这里呈现的所有资料都是公开提供的,
属于公开的信息,但我对被访者个人的身份加以匿名。

度。我与这些城市中的学者们也进行了一些讨论,这些学者关切协会关注的相同问题(参见梁旭光,1989)。较早的探索是 1989 年进行的,1992 年和 1995 年进行了一些后续调查,此处报告的田野调查采用妇联已发表和未发表的报告加以补充,但核心数据仍源于 1990 年的田野调查。

下文要讨论两个中心议题。第一个问题是建立新的妇女协会并将这些协会与官方的妇联联系起来以增加妇女对更高层次公共生活参与的组织策略。第二个问题涉及塑造这个策略的妇女话语,这个策略默认或者隐含(有时是明确)地认同改革开放时代中国有关妇女的大多数观点,但其进展在于对"素质"的重点强调。

背景

中国妇女运动的一些特殊方面为这一时期在城市的活动增添了背景。20 世纪 80 年代中后期妇女运动遇到一些纷扰,也开展了一些实验,尤其在城市特别是在中国妇女与来自其他文化的女权主义者开始接触后,她们开始考虑组织妇女运动的替代性模式。

在 20 世纪初,中国妇女运动存在各种组织方式,但自 50 年代以来,实际上只有通过妇联和工会组织起来的官方妇女运动。官方妇女运动基于妇女运动的这样一种愿景,即妇女运动是更大的社会主义运动的一部分并从属于后者。中国官方妇女运动的优先目标是最贫穷妇女(尤其是工人和农民)的利益,而她们的利益主要是阶级和民族的利益,而未必是性别的利益。在 1949—1965 年,针对较贫困妇女采用了各种方法来解决其特殊利益,并在经济和政治地位以及家庭和宗族方面都取得了重大进展。①

162　　实际上,伴随 20 世纪 80 年代的发展,许多妇女包括妇联内部的妇女都开始担心中国妇女的一些重要经济和政治利益受到侵蚀。本章呈现的 20 世纪 80 年代后期和 90 年代初的举措是中国妇女有组织回应的一部分。② 这些举措看似不具有革命性,但它们确实解决了如何有效组织起来促成变革的关键性问题。

　　在官方框架之外组织起来在政治上颇令人怀疑,最明显的一点在于,它在性质上可能不是社会主义的。官方的要求是决定性因素,即中国的社会生活应当坚持中国共产党领导下的社会主义原则和马克思列宁主义毛泽东思想。在改革开放时代,这些根本要求已得到了反复重申,而国家不会容忍背离或者被认为背离这些基本要求。尽管遵守这些原则可能是抽象的,但它们在国家权力的日常组织运行中也成为一个具体的现实。这直接关系到马克思列宁主义的传统,包括马克思列宁主义在中国的实践史中将组织置于中心地位的问题。按这种传统,组织化的政党起了占支配地位的作用,而且要求党内高度团结。

163　　一个党员可能犯下的严重罪行之一,是在党内组织派系集团。禁止这种组织派系延伸到了不允许在党内组织妇女核心小组的地步。那些可能希望就妇女特殊利益而组织起来的女党员在党内机构中并没有合法的机会。由于妇女解放事业是党的包

---

① 参见第一章引用的参考文献。
② 在这些年中,妇女运动开展了许多其他活动,应当牢记这一更大的背景。我聚焦于这个时期在山东省我能接触到的妇女运动的各个维度,本章的重点放在经济发展和组织能力建设上面。这时期也有其他一些工作,包括贯彻 1992 年的《妇女权益保障法》,保护妇女结婚和离婚的权利,将办公室和乡镇企业中以前无组织的妇女组织起来,维护妇女权益,保护妇女就业和劳动福利的权利,这里仅提及一些最活跃的问题。

容性社会主义愿景的一个组成部分,从原则上讲,应由党整体上来提供。单独的妇女核心小组至少会对党作为实现社会主义愿景包括妇女解放之组织载体的作用构成一个隐含的挑战。

妇联的网络成为妇女们能够正式为妇女特殊利益而工作的唯一官方渠道。一般来说,妇联的作用是动员妇女执行党的各项计划。妇联可能也向党反映妇女的观点,但向党施压或批评党并不是它的职责所在。妇联肩负着重要责任,其领导成员往往是党员,有时同时兼任其他有影响力的职位。但作为群众组织,妇联并不直接具有政府或党的权威和资源。妇联工作人员的职责和日常工作已使其中一些人对妇女问题非常了解并带着批判性的关切,不管她们在被分派到妇联工作之前是否具有这种意识或兴趣。一些人对全球女权主义也有所了解并很感兴趣。在中国,社会经济地位和权力与一个人工作单位的地位和权力密切相关。妇联的工作人员和在工会组织(即工人的群众组织)中被分配了类似工作的其他妇女,也都敏锐意识到了这一点。由于妇联的工作众所周知,多数妇女宁愿不与妇女工作有紧密联系,因为这显得 *164* 地位不高和缺乏直接权力。

很难在这一官方框架之外为妇女的特殊利益开展工作,除非是以个人的名义这么做。在中国,人们熟知吸引妇女参加有组织的运动对于促成变革是至关重要的有效战略。马克思列宁主义的一个基本原则是,一旦确定了政治路线,决定性的因素在于干部。本章讨论的联谊会之所以引人关注,恰好在于它们为中国妇女运动提供了一种创新性的组织手段。妇女联谊会提供了一个渠道,使妇联可以据此接触到其传统工作对象之外有权势的妇女。与此同时,与妇联的联系,也使非官方的妇女联谊会拥有了在当代中国运作所需的官方合法性和联系。中国妇女运动在改革开放之初的民众运动包括民主运动中并不活跃,它受到了国家对其反应的影响。

1989 年 10 月 25 日颁布的国务院第 43 号令(中华人民共和国国务院,1989),直接影响了非官方的妇女组织,它要求所有社会组织符合一系列正规条件后才能向政府正式登记,并接受政府审查和监督。没有按规定登记的社会组织按要求解散;已登记的组织按要求将其活动限于登记过并得到批准的活动中,否则会面临处罚。

在这一组织渠道受限或关闭的同时,中国共产党中央委员会也重申了党对官方群众团体(工会、共青团和妇联)的领导,并用经典马克思列宁主义术语重申了它们作为群众政治参与的合法桥梁的地位。在中共中央委员会 1989 年 12 月 21 日发布的《中共中央关于加强和改善党对工会、共青团、妇联工作领导的通知》(中共中央,1989;另见《人民日报》,1990)中,中央领导层谈到了期望群众组织发挥的作用。这个通知明确提到,绝不允许反对党的任何政治主张,群众组织必须更紧密地团结在党中央周围。群众组织应在他们自己队伍内部与"资产阶级自由化"倾向作斗争。群众组织应作为经典意义上的"传输带"为党服务,向群众传达党的政策,并将群众的意见反馈给党。这个通知强调,群众组织是群众参与国家政治生活的桥梁和纽带。

在 20 世纪 90 年代,国家继续进行全面监督,但协会和群众组织的处境变得更轻松了(参见中华人民共和国国务院,1998;Howell,1994)。对中国妇女运动来说,20 世纪 90 年代最众所周知的事件是 1995 年分别在北京和怀柔举行的联合国第四次世界妇女大会和非政府组织论坛,妇联和妇女协会都通过这些年开创的共生方式紧密合作。

妇女联谊会

　　青岛是 20 世纪 80 年代中叶妇女协会的全国性网络崛起最早并最具影响力的地方之一。1985 年,青岛市妇联就创建了全国第一个妇女人才促进会,该协会于 1986 年 2 月 18 日正式成立。次年,青岛主办了第一届女知识分子联谊会全国会议。这次会议激发了包括济宁在内的其他地方成立类似的协会。随后 1988 年在江苏,1989 年年初在福建也都相继举行了全国性会议。

　　济宁市于 1986 年成立了女知识分子联谊会,随后于 1987 年成立了一个女企业家协会(这是它最受瞩目的协会),1988 年成立了妇女人才促进会和妇女理论研究会,并在 1989 年年初成立了女新闻工作者协会。济宁的各种协会与济宁市妇联以及其他地方的类似协会有不同程度的紧密联系。例如,它的女知识分子联谊会与武汉的一个联谊会有联系。妇女人才促进会与全国妇女人才促进会有联系,后者与全国妇联关联。而女企业家协会则与全国女企业家协会有联系并有人在其理事会担任理事。全国女企业家协会与包括全国妇联在内的一连串官方机构都有关。①

　　在同样的氛围下,其他一些协会也纷纷成立,但它们与上述组织或与妇联起初并没有什么联系。一些女书法家受到邀请去桂林举办展览,这成为建立一个省级女艺术家协会的第一推动力。该协会于 1988 年 4 月正式成立,同时还与日本艺术家举办了一个展览。它的成立在很大程度上基于组织具有举办国内和

166

----

① 全国女企业家协会后来还参与了针对女企业家的一个国际资助的培训项目,这是通过全国妇联来推动的。

国际展览的优势。它的许多优势也源于其资深艺术家的个人网络。该协会在艺术学院中找到了场所,这些协会也发现与省妇联建立联系非常管用。在 1989 至 1990 年间,由资深女艺人发起的女性表演艺术家的一个新协会正步其后尘初具雏形,但 1989 年6 月后,国家不再批准成立新的协会,它的发展受到很大阻碍。

167　　　每个协会都有一个正式结构,至少有一个称为理事会的领导机构,有些协会还由个人担任秘书长和副秘书长的角色。对于艺术家协会来说,后面的这几个角色更引人注目,也更有意义,这些个人在举办展览会方面做了很多具体的组织工作。更普遍的情形是,理事会成为声望的标志,某种程度上当然也要履行义务。担任理事的妇女都是各个领域的领军人物,她们参与协会能给协会带来声望,从而使协会对地位稍逊一筹的妇女具有吸引力,并提升了协会的公共影响力。

　　不管这些协会或类似协会有什么其他特征,它们都遵循以下做法:理事会的成员资格仅限于具有公认地位的女性,衡量的标准是她们的管理或专业级别,或者在某个领域得到了正式认可。它们还可能进一步要求通过与其工作单位相关的官方渠道来推荐潜在成员。妇女人才促进会中的妇女都是某种高级别以上的领导干部,每个协会对职务职称的要求不尽相同,这也意味着重要的责任。例如,青岛妇女人才促进会的成员必须是一个较大单位的副处长级或一个较小单位的科长级别的领导。省女艺术家协会要求其成员的作品至少被一个展览会接受过,这比主流专业协会要求成员参加过三场展览的标准更为开放,但参展需达到显著成就水平和公众认可。协会积极招收有关领域出类拔萃的妇女;特别是在协会初建之时,成员在很大程度上是通过邀请入会的,也有符合成员资格标准的妇女自己申请加入的。1990 年访谈过的所有协会都揭示,除非是刚刚成立的机构,它们近期都在扩展,申请书纷至沓来。如果不是因为 1989 年 6 月之后成立组织受到限制而导致协会的成长停滞,那么这些申请大多将在这个日期之前获得批准。但是,即便没有发生这个分水岭事件,某些限制也将继续存在,并且在很大程度上限制了组织的发展。

成员资格受到限制主要有几个原因。一个根本原因在于中国专业协会制定规范来限制会员资格,这一点通常不被提及,因为人们视之为理所当然的。这种协会的成员资格总是被当作获得专业地位的一个标志。这些协会的组织者很在乎其协会的声誉和影响力,因为协会的目标就包含向公众展现妇女的素质。协会积极招募每个领域的女性佼佼者,限制会员资格便是实现这一目标的手段。也存在如下情况,譬如妇女人才促进会和女知识分子联谊会主要是作为一个场所运行的,为那些处于相对孤立的领导职位的妇女提供一个空间,她们在这里可以同处于类似情形的其他妇女交换意见并建立人际网络。如果更多资历较浅的妇女入会,特别是她们自己工作单位资历较浅的妇女都入会,那么,这些协会将很难满足特殊精英会员的某些需要。

对于协会来说,阶层毫无疑问是一个问题,尽管这必然仍是心照不宣的一个问题。阶层似乎既是一个历史问题,也是一个当代问题。从历史上看,在这个时代崭露头角或重新崛起的大部分老一代女性,她们中间多数人的阶层背景是革命和后革命的中国不太能接受的。一个极端的例子是女艺术家团体中的关键性人物。她的父亲曾担任一个军阀的私人秘书,并在 1949 年后被监禁和处决。尽管如此,他女儿在 20 世纪 50 年代仍成功被一所主要的艺术院校录取。她的第一任丈夫在 1957 年被打成"右派",自那时起她遭遇过政治上的困境。艺术家协会其他几位成员的背景,也都有些问题,在"文革"期间都被下放到农村去劳动。当社会转向珍视稀缺的专门知识时,这给这些女艺术家提供了机会,她们以不同程度的知名度重返自己专业岗位。并非所有这一代年资较深的妇女都有阶层背景的问题。在 20 世纪 50 年代和60 年代初期接受培训的一些工程师和其他专业人员,她们都受益于针对普通劳动者和面向妇女的受教育机会的增加。协会中的高级管理人员和企业家,她们所担任的职务使她们成为当代中国社会的精英阶层。她们的地位可以用阶层的术语来描述,尽管在中国境内那种语言并不用于国有企业的管理者。

169 　协会的阶层构成各不相同,最精英的协会尤其是艺术家协会,特意招募并延揽显然非精英背景的妇女。人们对阶层有一种隐性的意识,并努力通过会员制或通过公共服务在协会中解决这个问题,虽然协会的结构意味着这个问题一直存在。总的来说,克服协会阶层局限性的组织机制,是它们与妇联的联系。妇联不仅主要关注普通妇女,特别是最没有特权的农村妇女,而且还囊括了群众组织中地位较低的妇女以及倾向于用阶层和性别进行分析的妇女。

　协会控制成员的一些压力与组织的问题有关。由艺术家、妇女研究的理论家,甚至记者组成的规模更小、学术性更强的协会,组织事务在很大程度上由她们自己管理。其中最大的一个协会是省女艺术家协会,它在 1990 年时有 63 个成员,但这些艺术家有时间和兴趣(因为该协会可能带来额外的专业机会)开展她们自己的组织工作,她们得到其工作单位的一些协助,并通过省妇联提供了更多的联系和合法性。规模较小的那些协会所面临的组织管理方面的需求较轻,可以在妇联最低限度的支持之下自行解决。例如,妇女研究理论协会有 46 名会员,新闻工作者协会有

54 名会员,表演艺术家协会只有少量会员。

对于较大的协会和由来自不同工作单位的领导干部组成的那些协会来说,情况并非如此。规模对某些协会来说肯定是一个问题,这是限制成员人数的一个实际原因。在青岛,妇女人才促进会早先有 470 名会员,她们属于大中型单位的领导干部,但后来允许独立的和较小单位的领导干部也参加其中,到 1990 年其成员已达到 789 名。在它建立伊始,这是一种崭新的组织形式,它对其结构尝试过变革。其结果是,协会按照其成员工作单位所在的行业划分为 12 个分会,即根据每个单位由国家(比如政府的一个部)哪个部门主管来划分。济宁市女知识分子协会(主要是领导干部们)在 1990 年有 104 名成员,根据这些相同的原则划分为 5 个分会。

用这种方法建立在某种既存的结构之上,为人们提供了一个熟悉的框架,但青岛和济宁两地参与协会组织工作的那些人都对协会形式所构成的问题颇有微词。正如济宁市一位活跃的组织者所说的,问题在于这些协会太过"松散"了。这从表面上看可能是指成员分散在许多不同单位的不便利性,几乎是有多少成员就有多少个单位。然而,假如没考虑到在工作单位之外和跨越工作单位组织的深层障碍这个陌生而困难重重的问题,那么,人们就会低估由此带来的挑战。这种组织方式无法利用建立在工作单位结构之上的正常和广泛使用的渠道。

创建协会的工作需要具有主动性和影响力,以便使新实体得以生存下来,而后继续努力吸纳更多成员,保持联系并组织各种活动。更有影响力的女企业家和管理人员的加盟可以提高理事会的声望,她们支付会费,并坐工作单位公车出席会议,但她们本身并不做协会的组织工作,她们也不在其工作单位提供开展工作

170

的活动基地。这一工作的活动基地位于妇联。

在具有开创性的青岛案例中,其协会的主动性和持续活力主要归功于 1984 年开始任职的青岛市妇联主席,这是青岛开创性成立各种协会的前一年。到 1990 年,她仍在协会的工作中发挥了领导性和创造性的作用。但青岛市妇联像任何其他地方的妇联一样,人员稀缺,并没有能力以自己的工作人员来组织协会工作。相反,它求助于过早退休的一些有能力的妇女。当时,青岛有影响力的妇女人才促进会的副会长是一位 59 岁的退休党委副书记和纺织部门的全国劳模,她符合成员资格的标准但已退休,因为担任这种职位的女性到 55 岁就退休,而男性的退休年龄为 60 岁。①

退休年龄的五年之差,其初衷显然是给妇女的一项优惠待遇,但目前已成为领导干部的主要关切事项之一。高级女知识分子退休之后兴许能够转向从事其他专业性工作,但女性领导干部不仅面临职业生涯的过早终结,缩短的时间框还会限制其职业发展机会。通过聘请退休的领导干部负责组织工作,青岛市将这点转变为一种优势。青岛市妇女人才促进会的 12 个分会中,每个分会都有两三个这样的妇女。其组织者指出这个因素是她们特殊的力量源泉之一。

济宁市更直接地依靠市妇联的工作人员。与妇联有关的每个协会领导中都有一名妇联的代表。女知识分子联谊会和女企业家协会都有一个秘书长做具体的组织和后勤工作,这都是由妇联工作人员担任的。无论在济宁、青岛还是省一级,都存在将各

---

① 1984 年,这个妇女退居"二线",因而对那时遭遇过职业挫败的妇女们所关切的问题十分理解。

种协会与妇联内部的不同部门联系起来的一种趋势。与协会的联络和组织工作分散在整个妇联结构之中，因此无须在妇联内部设立单独的办公室或人员。

妇女协会和妇联

妇女协会与妇联之间是共生关系，它们之间的关系对于协会的存在和对妇联的现行策略都至关重要。妇联以多种方式为协会作出了贡献。许多协会是在妇联的倡议下建立的，到 1989 年年底，所有大众协会都需要隶属于某些具有官方合法性的机构比如妇联，以便继续运作。除了这个要求，妇联还为协会在政治合法性上向更高一级国家机构靠拢方面提供了理由。妇联能够安排国家领导人参加协会主办的公共会议，安排与当地政府官员的非正规会议（如 20 世纪 90 年代初的经济危机中管理者和企业家关心的经济问题会议），并代表协会会员的共同利益或个体会员的特殊需求对当地国家机构进行非正式干预。妇联一些领导干部在国家各级主要领导机构中任职，是接近国家机构和人员的一种重要资源。妇联能够而且的确为协会中的妇女提供这些资源。实际上，接近政治权力的机会受限这个问题是协会关注的核心问题之一，也是协会作出的一个策略性回应。通过这种组织形式解决政治问题的可能性，界定了这些协会的精英特性。这些协会主要是由女性领导干部构成的，挂靠在妇联，并与妇联一道致力于解决影响妇女获取政治权力的问题。具有这一特征的那些协会与妇联的关系最为紧密。在中国这样一个管理体制的社会中，对于那些不是由领导干部组成的协会来说，官方联系可能仍是非常有用的。例如，利用省妇联促进与国外的联系，并为女艺术家协会的领导安排外出考察等,都是显而易见的。

在中国,通过开展妇女工作解决妇女问题长期以来一直被视为革命或后革命国家的题中应有之义,因而这通常是国家公职人员的工作,而不是志愿者的无偿天职。本研究中访谈的许多领导干部非常清楚地表明,如果不是妇联将她们吸收到这些协会中,她们将永远不会考虑致力于妇女问题。实际上,这项工作在很大程度上仍被视为妇联的工作。

从妇联的角度来看,这些协会特别是领导干部协会及企业家与管理者协会的发展,给人手不足且资金缺乏的群众组织利用这些有权势妇女的能力及其影响力提供了机会,否则她们与妇联或妇联工作不会产生交集。这是具有重要意义的,因为若干组织特征的结合,共同界定了妇联工作的领域。妇联面临着艰巨的任务:为贯彻国家各项政策而组织动员妇女,并充当解决与妇女有关的所有事务的主要载体。在某些地区,包括山东省,妇联还要解决学龄前儿童的有关问题,但是它们实现这一使命的手段并不充足。国家不同部门,包括像妇联这样级别较低的群众组织,仅靠党的系统来连接,但它们之间的壁垒很高。这些系统不允许成立妇女小组,这通常使妇联难以利用资源,甚至是位于国家体系不同部门有可能支持妇女的资源,也很难利用。由于缺乏自愿组织的一个公认模式,也没有将"妇女工作"定义为妇联工作人员的官方工作,其结果是,这些妇女中的大多数人以前从未考虑过涉足这样的工作。如果没有协会的话,她们将没有任何渠道就她们和妇联共同关心的问题建立网络或者开展有组织的活动。

进一步讲,妇联的传统活动场所一直在基层,直接在农村开展工作,或间接通过工会在城镇工业企业开展工作。本章前述的有影响力的 1989 年通知,要求群众组织将其活动重点放在基层。

在这个通知下达之时,妇联一贯强调农村基层工作从未放松过,并且取得了一些创新,但同时也正在采取措施在城市办公室设立妇女委员会(从前没有任何形式的妇女组织),成立女性专业人员和女性领导干部协会,建立从事妇女问题研究和写作的团体,并至少在雇用了相对较多女工的一些农村乡镇企业中组织了妇女团体。

简而言之,妇联正朝着许多方向迈进,以扩大其有效组织的范围,并在中高层以及基层开展组织工作。在这一更广泛的策略中,通过女性知识分子联谊会和妇女人才促进会将地位较高的职业女性和女性领导干部组织起来的举动,具有深远的重要意义,因为这一措施直接关注妇女进入国家权力的问题,这对于重振妇联的关切事项和策略至关重要。

妇女与国家权力

开创性地提出了本章所概述的这一策略的妇女们,她们所有人的生活全都深深卷入了改革开放时代国家的运作之中。由于她们作为负责妇女事务的国家部门的直接作用,也因为她们有效能动性的发挥受到了限制,涉足其中的妇联工作人员显然对此十分关切。在 20 世纪 80 年代,她们也变得非常关切妇女在国家体系特别是较高级别地位衰微的问题,这为改革开放时代较低级别妇女地位的进一步削弱设定了模式。

本研究所涉的协会全都受到了获取国家权力之问题的影响。活跃在协会中的妇女在某种程度上正在寻求一种策略,试图通过调整她们与国家权力机构的关系来改善其专业状况。女企业家不仅从相互联络中受益,而且可以从协会提供的与当地领导人会面的机会中获益并进而影响其经济决策。也许正是这个缘故,参与这些协会的所有企业家和管理人员似乎都来自国有和集体单位,尽管妇女在不断壮大的私营部门中也发挥了重要作用。女艺术家同样可以从彼此的联络中获得益处,她们一起举办展览或表演,由于国家在赞助和促进艺术方面所发挥的作用,这些协会对国家非常关注,国家在监督艺术和艺术家的政治性方面也扮演了积极角色。

无论是从妇联还是这些妇女协会的角度来看,在中国,国家依然非常强大。正在中国崛起的某种形式的市民社会可以提供额外的渠道和机会,但国家继续决定着非常庞大的妇女人群的生活机会,其中包括大部分中高级知识分子和干部。从设计了这一策略的妇联工作人员的角度来看,这个关键因素是获得国家权力必不可少,要不然一切都无从谈起。人类学对妇女的有效权力进行了跨文化评估,获得政治和经济决策角色被认为至关重要。中国社会的特性表明,决策集中在国家手中在中国具有非同寻常的重要性。

当然,这是在妇联和妇女协会工作的中国妇女中存在的一个广泛共识。改革开放时代政治变革的若干方面对妇女在更高层面的参与有所限制。所有这些都是 1990 年夏天的一个讨论主题。首先,党的领导正从妇女参政问题上后退的动向引发了深度关切。1987 年,党的第十三次全国代表大会的构成非常清楚地表明,与前几次全国代表大会相比,妇女在党的最高领导层中的占比下降了。在 1989 年的政治风波中,妇联和妇女协会不曾有组织地涉入任何一方,但她们的确希望之后情况有所改善。不管这些妇女对 20 世纪 80 年代的改革议程有什么样的其他看法,她们都很关切改革议程对女性处境的影响。

改革开放时代政策的一些问题在很大程度上是与早先政策和实践的对比中浮现出来的。1973—1976 年"文革"接近尾声时，有一个需落实到位的要求，即领导班子中应至少有一名女性成员，要不然领导班子的构成将得不到上级的批准。这为许多妇女提供了机会，但那几年提拔的许多妇女在 1978 年前后对后"文革"的领导层进行重组时都退了下来。当时下来的这些妇女中少数人后来再次晋升到了更高的职位，但总的来说，妇女在政治领导中的代表性降低了。除了基层，改革开放时代的政策并没有要求在领导层中有妇女代表。到 20 世纪 90 年代初，基层已正式开始采取行动确保至少有一名妇女（通常是与妇联网络有关的村妇女主任）进入村民委员会和村党支部，并逐步增加乡镇和县领导机构中妇女的比例，至少需有一名女性成员。唯有像妇联和妇女协会这样的组织，才呼吁妇女进入更高级别的政治领导层。参与落实这些活动的一些女性，更倾向于认为在妇女参与更高级别领导机构这一问题上应该制定清晰的目标甚至配额，其他人则认为有了针对女性的配额，效果会适得其反。当时存在着一种更广泛的共识，为了解决国家更高层面妇女代表性不足的问题，采取分性别的措施是必要的。

相反，改革开放政策在妇女参政问题上缺乏积极政策，对于涉及选举特别是间接选举的新做法以及差额选举的事宜，也缺乏积极的政策。当然，情况并非总是如此。这里描述的选举在 20 世纪 80 年代肇始于每一级政府的主要领导职位。我在 20 世纪 80 年代末和 90 年代初交谈过的妇联和妇女协会的妇女，都广泛关切自 1987 年以来妇女从领导岗位上退下来的相关问题，而且能举出来自江苏、江西和山东的例子。山东省的案例特别有趣。山东省妇联主席曾是省政府常务委员会的委员，省政府常委会是省里仅次于省党委会的最重要决策机构。当她从先前权力很大的组织部副部长的岗位转到妇联任职时，仍带着省常委会委员的重要身份。在 20 世纪 80 年代后期的选举中，她既被提名为省党委会成员（预计她不会当选），也被提名为省人大常务委员会委员（预期她会当选）。[①] 但她这两个职位一个也没被选上，此后不久却得到了"提拔"，成为北京的全国妇联副主席。鉴于妇联实际上作为群众组织的特点，这种提拔不被认为是一种积极发展。紧接着 1989 年年初在政府更低级别的市级选举中，妇女遭遇了进一步损失。此后，只有一个相对较小的淄博市仍有一名女副市长留在这一级政府的最高领导层。在济宁市，以前是市常委会委员的一名妇女被"提拔"到市人大，这是每一级政府为妇女退居二线提供的另一个选择。

青岛市提供了一个详尽而有影响力的实践案例，揭示了当时妇女们如此深为关切的做法。在 1989 年换届选举之前，青岛市妇联主席是市委常委会一名委员。她是一个充满活力并有影响的领导者，在其任上为青岛市妇女做了大量工作。在 1989 年年初的市委常务委员会选举中，她被提名为 11 个候选人之一，竞争 9 个职位。这次选举与此处讨论的其他选举一样，是一次间接选举，只有少数高级官员投了票。在这个案例中，选举者由市委成员构成，该机构由市政府各个部门的 46 个主要官员组成，其中 5 名是女性。[②] 不管怎么说，这一选举是事先沟通的。这次选举的经过众所周知，一位选举者做了详细的解释。青岛市接受访谈的许多其他妇女也都提到了。这次选举的结果被认为受到妇女在

① 我没有找到这次选举的确切日期，但它最有可能是在 1988 年。

② 在下一级的市委会，妇女所占的比例进一步下降，在一个有 41 名成员的委员会中只有一个正式成员和一个候补委员。

全国和省级领导岗位上落选的严重影响,这促使这些妇女坚信, 妇女在最高级别的参政是必要的,唯有这样才可能保证她们在较 低级别的参与。然而,这位未当选的候选人拥有充足的声望和关 系说服市级领导层采取积极态度选举妇女进入下一级政府的领 导层,即不久之后开始的区级选举。她被认为促成了选举者方向 的变化,即从一种较弱的"力争"选举妇女,变成一种更强有力的 "保证"妇女当选。随后在青岛市 12 个区县中有 10 个均有妇女 进入领导机构。县、乡甚至村一级在促进妇女进入领导机构方面 都做出了类似努力。这些努力多少得到了更高政治级别的更多 支持,因为妇女进入这些级别的领导层可能需要追加一个额外的 职位。

官方政策指明了方向,即目前应主要在较低行政级别上增加 女性领导角色。政府所有级别的女性都认为,这一策略的困境在 于它与国家的行政级别实践不合拍。在行政级别惯习中,高级官 员的指导、支持或至少给予一些机会必不可少。妇联确实致力于 寻找有培养前途从而可以推荐加以提拔的妇女,而且妇联的确提 出了这样的建议。由于作为一个群众组织的特点,阻碍了妇联发 挥这一作用的能力。正如这些选举所表明的,具有真正任命权力 的关键性管理机构在选举中可以绕开妇联这样的群众组织。与 妇女协会中有权势的妇女建立联系的一个优势是,妇联能够与自 己网络之外掌握实权的少数妇女建立有益的联系。这些妇女没 有其他任何手段聚集在一起,也不能作为一个妇女核心小组合法 地组织起来。

许多重要职位都是通过任命来直接填补的。在 20 世纪 80 年代,政府机构进行了一次全面重构,这导致了职位上的重大得 失(见 Burns 1987a;1987b;1989)。到 1990 年,当新的一轮整顿

179　期开始时，在政治、管理和专业领域任职的妇女十分关心要避免改革之初经历的挫败重演。其中一些挫败可归因于 20 世纪 80 年代促进妇女参与公共生活的政策上的倒退，而且由于最具权势的领导机构中妇女人数的缩减而变得更易于实施。女性参政方面的其他损失至少可以部分归因于一些政策和措施的运作，这些政策和措施本意上并非想使妇女处于不利处境。

　　其中一些政策是重视专门知识而非政治的广泛行动的一部分。这一政策的具体操作是将专业人士的任命正规化，并要求担任官职的管理者和领导人具有更高程度的教育和专长。其中一个结果是，在 20 世纪 80 年代中期凭借经验而获得晋升的一些女性（和男性）从高级职位上退了下来。我对这一类的一些女性进行了访谈。这些妇女被重新分配去从事妇女工作并非个例，这种分配被普遍看作是降职和失去权威。在另一些情况下，在 20 世纪 50 年代受过大学教育的妇女，她们或有相对特殊的背景（尤其是艺术家），或在那个年代有更多机会获取更高教育，新近被提拔到有实职的专业岗位上，这很大程度上是因为高级专业人才的相对稀缺。这个过程导致了引人注目的阶层逆转。资历最深的一些妇女是 20 世纪 40 年代和 50 年代受过教育的具有精英背景的年长妇女。她们有些人早在1957 年的"反右"运动中，但更普遍是在"文化大革命"中遭受了厄运，她们如今在改革开放时代重新获得权力和声望。在 20 世纪 50 年代初受过大学教育的非精英背景的女性，就如同接受访谈的几位工程师，她们在这一政策之下过得不错，但许多妇女此时至少因其非精英的背景，也因为其性别而败北。我访谈过的一名妇女是一位哲学家，她在一个评定专业职称的机构里担任官员，她处于一个能帮助许多妇女的岗位上，这再次指向了妇女担任权力职位的重要性。

此外,另一个问题是有关退休年龄的规定,加上国家为了将
年轻一代带入权力职位决定强制执行的退休制度。拥有高级专 *180*
业职称或行政职务的妇女可以将退休年龄推迟到超过 55 岁的标
准,这是国有部门从事非体力工作妇女的退休年龄,相比而言男
性的退休年龄为 60 岁。退休年龄上的五年之差使妇女处于一种
明显的不利地位。较早退休不仅直接减少了担任管理和专业职
位的妇女人数,而且还使妇女承受了在其职业生涯的较早阶段就
必须奋力拼搏的更大压力,否则的话她们会因接近退休年龄而与
晋升机会擦肩而过。当代中国职业女性退休后可能会有诱人的
其他选择,但主要担任官职的妇女,如妇联和许多政府机关的那
些妇女,则没有这种替代性选择。有关妇女退休年龄的政策变
化,是妇联和妇女协会积极关切的问题之一。她们也采取了更直
接的措施,通过确保妇女及时获得高级专业职称或晋升机会使她
们的退休年龄延长到 55 岁。

相对而言,这些问题直接影响到精英妇女的福祉和职业晋
升,但它们确实也与更多妇女的关切事项相关。政治结构的级别
性质意味着,将妇女安置在更高级别的领导岗位具有潜在的好
处。她们据此可以为更多妇女提供保护、关照和机会。这些影响
精英妇女的问题可能与影响妇女运动的更广泛问题有着内在联
系,特别是,假如妇联能有效将妇女组织起来缩小阶层差距,实现
部分团结。

素质

受访妇女关于素质的观点多种多样,因为妇女本身代表了广

泛的各种背景和经验。将这些妇女归在一起是因其担任高级职务而不是基于具有一套共同的观念。这些妇女与组织协会的那些妇女(主要是妇联的工作人员)之间也存在着差异。然而,绝大多数受访妇女都部分或普遍认可如下几种观点。

着重讨论的一个问题是素质。妇联组织者提出的观点与在农村工作的妇联工作人员的想法类似。实际上,不同地方的妇女之间形成了一种概念上和组织上的联系。她们对此的观点是,追求素质是迈向性别平等的一个途径。虽然中国不如西方女权主义那么强调平等,平等仍被视为妇女运动的目标之一。尽管平等令人向往,但平等被看作是一个有限和局部的目标。就协会来说,素质在追求平等方面的作用,主要是为了展示参与其中的妇女们的素质。成为由资深妇女构成的一个协会的会员,本身就是成功的一个标志,就像被评为模范或其他形式的功成名就,通过加入协会可以增加知名度。协会的实际工作在很大程度上聚焦于妇女个人取得公认的成就以及总体而言妇女作为领导者的潜力。

参与协会的女性表达的观点通常略有不同,部分原因可能在于她们自己的生活经历,而不只是她们与妇女协会的联系。这里所说的素质是指妇女对她们自己的某些要求。对一些人来说,这与20世纪50年代的成长经历有关,50年代是一个乐观向上的时代,为了共同的利益,对人民提出了异乎寻常的要求,而且人们也将这些要求内化了。女性对自己有所期望似乎被看作是理所当然的,这是更悠久的一种文化传统的一部分,坚强的妇女总是对自身要求很多,不管这是否带来了对她们的认可或者地位的提高。当这些女性反思当下自己职业成功的条件时,她们保持了这一传统并严格要求自己刻苦奋斗,这成了一个共同的主题。我们提到的素质包括了专业知识。这些妇女中的许多人能够出类拔萃在很大程度上是由于其专业资格,也由于她们在工作场所和家庭内部人际关系方面得心应手。家庭因素至关重要,因为不能很好管理家庭的妇女,也将永远不会有其职业生涯取得成功所必需的时间或支持。

虽然有些妇女谈到了不同寻常的个人情况或个人成就,但她们并没有提及她们能够升到现在的职位是否仅仅基于自己的业务素质或甚至主要是因为自己的业务素质。一些人提到了她们所经历和克服的障碍和对妇女的偏见,也有妇女报告说,她们没有遭遇过任何这样的问题。让人颇感吃惊的是,存在大量自然化性别差异的话语对女性进步所构成的限制,其中一些话语是刻板定型观念,譬如认为女性斤斤计较而且嫉妒心强,因而不适合晋升。被访者谈到这些观念,她们自己有时也秉持这些观念。更加普遍化的论点(或不可回避的论点),是关于妇女作为母亲的角色所构成的问题。有人可能会认为,在城市广泛实施的一孩政策已减少了这一障碍,但没有一个被访妇女认为如此。① 这个论点认为:妇女们面临的主要困难是在其职业发展早期的关键节点上面临因履行母职而时间受限的问题。这种说法很显然被广泛援引作为妇女举步维艰的理由,尽管某些职业要求极高,而迈入这些职业领域的女性管理人员并不认为这是一个无法逾越的障碍。在工作和晋升更容易受到主观评估的情势下,这似乎更难进行

①在一般有一个以上孩子的老一代妇女中,母亲有时与其子女长时间分开(通常放在祖母那里照料)并遭受各种家庭困难,这一现象并不罕见。这些情形与 20 世纪 50 年代人们被要求为国家发展作出牺牲不无关系,或者说是后来一些政治运动的一个结果,而不是(或不完全是)母职与工作结合的产物。更年轻的几代妇女不太愿意作出这些牺牲,而且一般也较少被要求这样做。更一般性地谈论代际差异的问题,参见 Rofel(1999)。

取舍。

在中国,职业发展一直存在的一个关键性因素是指导,这种形式在实践中已经成为一项标准做法,而且适用于全国的男性和女性。即注意观察具有领导潜力的人(通常是男人,但也并非总是男性),将他们作为培养目标。指导者掌握着主动权,他/她一般是在一个正规层级机构中担任职位的人(通常是男性)。对于他/她们来说,对职位较低者的培养是一项预期或必需的活动。职位较低者毛遂自荐并非易事,除非他们被列为培养对象。关键是要有机会被指导者注意到。人们可以努力表现以便引起注意,最好是以不易察觉的方式,但机遇肯定是一个因素,特别是刚起步的时候。

阶层、亲属与个人关系以及社会性别,这些因素都影响着一个人是否有机会获得这些机遇。并非所有受访妇女都想在其工作单位担任年轻妇女指导者的角色。在培养职位较低的工作者时,一些人并不会看重性别因素,而其他人则特别偏爱男性。男助手更适合承担一些联络和协商事宜,这些通常涉及招待或旅行,这两者都被认为不适合女性,因此对于女性管理者而言选择男助手可能更方便。少数女性管理者提到了提拔妇女时遇到的刻板印象问题(例如受家庭需求的干扰)以及有效建立网络并进行协商的社会障碍。无论如何,在任何机会有限的工作场所里,专门培养妇女的政策或实践都会遇到阻力。

这些问题的解决方案在于构建新的并且更广泛的组织机制,以培养并提拔合格的妇女。促进妇女发展的组织就是为此目的而建立的一个正式网络,特别是在 20 世纪 80 年代末紧随妇女退出领导岗位之后。一个更广泛采用并且更广泛可及的途径是在妇联中建立正式的"人才库"。在这个时期,全国各地都确立了这些机制,致力于促进地位较低和地位较高女性的职业发展。人才库是收录了有资质的合格妇女的数据库,一旦有机会和职位空缺,就可将人才库中的妇女提出来作为推荐人选。尽管这项工作似乎主要是由妇联工作人员来做的,协会中资历深厚和管理层妇女的网络对于提名并支持妇女获得任命很管用。

比起更为分散的方法,人才库制度具有若干明显的优势。它解决了资格较老的妇女人数不足的限制,这些人能够直接培养资历较浅或处于职业生涯中期的妇女,但即便乐意这么做,也因为她们人数有限往往难以做到。这一机制也扩大了合适人选的储备,这些候选人不仅可以被推荐给职位较高的妇女,而且可以推荐给采用更具包容性管理方法的那些男性。由于大多数高级管理人员和官员都是男性,进一步开拓这条道路因而至关重要。人才库具有额外的优势,不仅囊括了处于职业生涯早期的妇女,也包括业已取得成功的那些女性。

这一特殊方法并不对妇女进行培训,除非在必要时为妇女提供在新职位上获得经验和机遇的机会。这一策略强调素质,但它使妇女不得不展示素质以获得认可。在城市的职业情境下,高素质的女性比比皆是,奋斗目标便是通过提高素质的策略来扩展她们的机会。

两位年资较深的女性管理者对这一方法的价值表示怀疑。她们指出 20 世纪 90 年代的中国城市具有合格资质但处于失业或就业不足状态的男性大量存在。这一观点敏锐指出了这种方法的一个弱点,因为它的本意在于为了国家发展的利益去赢得男女双方的支持。诚如布尔克和沃伦(Bourque and Warren, 1987: 186)先前就教育问题提出的论点,男人发现他们所受的培训缺乏用武之地时,就很可能会对扩大妇女的机会加以抵制。

然而,中国妇女运动仍主要致力于采用素质而非就业平等的策略来实现自己的目标。围绕针对妇女的配额问题，这些妇女的观点各异，因为配额是可用的，也是人们熟悉的替代选择。中国所采取的特殊形式比较温和，但如青岛选举的例子所示，它颇具争议而且难以实现。20世纪90年代初的主要例子是推动每个管理机构都有一名妇女进入其中，就像要求每个村庄有一名妇女或进入党支部或进入村民委员会。这可能仅仅意味着在委员会中再增加一个职位，但其目标是迫使原先对妇女关闭的管理机构向妇女开放。配额通常指的是这一较低水平，偶尔也指党批准的更长时段的目标，譬如妇女应在诸如人大等机构的代表中占一定的比例，妇女在人大代表中的比例一般目标为20%。对这些配额并无争议，但许多受访妇女对配额制并不看好。配额制的使用会使所有妇女面临一种风险，即暗示着她们获得其职位是基于配额，而不是依靠自己的能力。

参加这些协会的妇女，无论其目前的职位是什么，都是通过个人能力、辛苦工作而干出来的。如少数人指出的，有的也靠难得一遇的好运气上升到了某种显赫地位。没有任何人是因为身为女性而从职业生涯中获益的，即使是拥有特殊背景的那些人本身也都成绩斐然。实际上，虽然一些受访妇女在20世纪80年代中期因为不够专业而被降级，但同时却有相当多妇女恰恰因为她们是专家而获得提拔。

185　　对这些妇女来说，她们任职资格的实力很重要。她们以一种综合性方式看待这一点，其中包括她们管理家庭生活（通常指家庭困境）以及有个性地处理人际关系的能力。在某种程度上兴许这是一代人的问题，她们都认为吃苦耐劳是取得成功必不可少的一个素质。

在其工作和职业中，她们将那些硬的与软的目标或标准分得很清楚,在工作或职务上,区分哪些工作是实、哪些是虚。但凡进行软硬区分之处,妇女们都会发现较之于软的那些,硬的目标或标准对她们更有利。面对专业能力(作为工程师、医师或研究型科学家)或经济业绩(使亏损企业扭亏为盈、成功扩大企业规模)的硬性要求,女性至少有可能提供令人信服的证据证明她们工作的素质。软的标准(如管理能力或政治领导力)被认为更依赖主观判断,从而对妇女可能不太有利,而且这些软标准过于模糊而不易受到挑战。关键性的论点是,女性更愿意接受考验并根据她们的才能进行评判。

实与虚的工作与职位方面论点和硬与软的标准之间的区分在概念上是相关联的。我从农村的妇女运动工作者那里也听到过这种说法。这里要进行两种区分。其一是介于完成某些事情的工作(如管理一个工厂的生产工作)与可能排位更高的工作之间的,这种观点看来,后者较少有实质性内容(例如主持会议、进行协商和开展联络)。后者有时也被对称为坐在办公室里看报纸。事实上,许多受访妇女已通过获得专业资格晋升到目前的职位,她们在工作单位通常担任负责专业或生产性工作的副手,在一位负责全面工作的男性管理者的领导之下提供服务(另见Chen,Yu & Miner,1997)。

关于实与虚工作的另一个关切事项是,妇女有时被安置在虚的职位上。这里的特别关切是,妇女从重要的责任岗位“晋升”到一个表面上更高实际上却是虚的和相对无权的职位。人大的职位就是这样一个例子,这种晋升发生在包括陵县在内的农村地区,也出现在城市中心。妇女通向中国社会更高层级所需的部分知识,便是区分职位的虚与实,谈话通常转向辨别某一特定职位是否符合这一标准。此处再次强调,女性对实职有强烈偏好,而虚职对于她们显然没有任何吸引力,即使其头衔可能具有吸引力或者责任较轻。

在她们追求素质和成就时,妇女们追求的个人策略会对每个人提出强烈的要求。通过协会和官方妇女运动,她们也致力于建构机制,从而使她们的素质和成就得以彰显并得到公众认可。在这个过程中,妇女之间联系的新形式通过非正式网络得到了加强,并通过创造性利用官方妇女运动获得了支持。这为妇女们开辟了一个空间,使她们在家庭之外的领域中能够发挥更大的作用。

第八章 反思

　　追求素质一直是颇成问题的一个主题,有待深入调查研究。不管是个人还是集体,自我修养的理念都是一个具有吸引力和挑战性的命题,也是任何社会转型方案所固有的主题。但对素质(或所谓素质)的呼吁常用来对一些人设置障碍和加以排斥。正是由于这个隐蔽的议程,妇女运动和其他民主运动有理由对诉诸素质持谨慎态度,而代之以对包容和平等的强调。

　　与之相反的是,中国的官方妇女运动认为,追求素质是实现平等和妇女解放更宏大目标的一种手段。这实际上公然否认这两个概念是冲突的,在抽象层面将它们调和起来的确是有可能的。然而在实践方面,关于素质实际含义的旷日持久且多方面的冲突似乎正在发生。所有人可能都同意,素质具有优点,但素质包含什么内容,如何对它进行评估以及它意味着什么等等,都存在争议。

　　简言之,人们可能得出这样的结论,起决定性作用的是位置。对素质的追求假如源自个人或集体自身,那么,素质会助力潜能的发展,并创造各种可能性。然而,假如素质是由他人和外力强加的,对素质的追求会与排斥和行政级别实践纠缠在一起。但是,自我与他者、内部与外部之间无法截然分开。即便就个人而言,区分它们可能也颇为复杂。就团体、组织或运动而言,这个问题就更复杂得多,对于声称代表她们自己和超越自己之广泛利益的那些人而言,或许尤其如此。这使得如何理解群众组织(如妇 *188* 联)和与之相关的人们(如妇女主任、协会成员或其他人),成为一个具有挑战性的议题。

按现代中国政治文化的惯例,大多数妇联工作人员会回避笼统地讨论这个问题,相反,她们将重点放在实用策略上。这种方法有很多可圈可点之处,它使本研究项目接近当代人类学特别是特殊民族志中的一种兼容方法。这项研究尝试对追求素质的具体实例进行探究。

对素质的追求

我在山东听到人们关于素质的论点,部分体现了一种为之辩护的观点:就竞争而言如果妇女参与经济和政治生活的可能性受到质疑,那么,妇女运动就准备接受这个挑战。本书提到在改革主流中得到重视和提倡的各类素质中的"硬"指标,即教育、技术或专业方面的那些指标,以及可以通过经济成功来衡量的那些指标。根据这些指标,妇女处于一种明显劣势,但有方法可以凸显妇女现有的资格和贡献,也有办法使它们能够得到明显加强。自20世纪50年代以来,尽管妇女在获取所有各级教育和就业方面取得了非常重要的进步,但性别差距依然存在,中国在这个时候仍有必要处理这个问题。重新强调专门知识是改革开放时代的特征,在这种氛围下,除非妇女运动解决了这个问题,否则它将很难获得官方的认可和支持。关于平等的论点因政治色彩太过明显,而且与革命议程(尽管有过去的局限性)联系得太紧密,以至于在这种氛围中不受青睐。

　　与此同时，妇联致力于对"素质"的概念化进行微妙的商讨。它尽可能被表达为妇女们正在争取的一系列积极目标，这便与要求整个国家谋求提高素质以实现物质和精神文明的意义相同。这就将妇女牢固置于当代中国开发全国劳动力战略的主流之中，189并使妇联能够对国家资源提出有针对性的要求。提高妇女素质的成就将服务于国家的全国性目标，同时将降低教育和专门知识上的性别差距。妇联开展提高素质的活动主要表现在一些特定的目标上，特别是扫盲、技术培训和收入方面。这些都是可以清晰阐明并衡量的目标，这些目标也有助于承认所取得的成就，不过离开了具体的讨论，这些成就依旧隐而不见。

　　将提高妇女素质纳入中国发展项目的主流之中，使妇联有可能挪用关于素质之主流话语的一个维度，并为了妇女利益而加以采用。不过这也隐含地要求内化国家发展项目框架的中央集权及其市场导向的元素。虽然国家和市场都可以用来促进妇女的各种特殊利益，但这个框架仍然有其局限性。然而，素质和精神文明的概念相当模棱两可，以至于难以让人接受有利于加强妇女运动的解释。由内化的主流框架所施加的限制与有可能超越那些限制的妇女运动之间，始终存在一种核心矛盾。

妇女之间的差异

　　这一策略的提出者和实现这一策略的工具是妇联系统。妇联具有双重性，虽然处于边缘境地，却是国家机器的一部分，它也代表了部分妇女群体，同时又有别于其他妇女。妇联中的妇女在从事其妇女工作的职业时，既与她们负责代表其利益的妇女分离，同时又与她们保持联系。作为党的妇女群众组织，它们具有党作为一个先锋队的某些特征,即既代表人民,又领导人民。从合乎理想的角度看,这种关系应是建立在共同利益之上的一种紧密关系。但实际上,实现这一理想的协调存在着巨大的障碍,尽管在不同的情境下这些障碍的形式多种多样。

从历史上看,妇联的大部分工作都在农村开展,因为妇联的工作人员按定义是城市户籍拥有者,她们之间存在较大的鸿沟。这一种特殊地位将她们与持有农村户籍的农村妇女截然分开。尽管未经正式批准的人口流动使这种划分日渐模糊,因户籍制强化的城乡差别仍是中国社会中很有影响力的一种划分。妇联因而并未直接融入中国农村妇女的世界,她们是从行政级别的外部而且是自上而下地进入到农村妇女的那些世界。妇联的基层工作人员可能(而且确实)感到自己在国家的核心权力结构中处于不利而且边缘化的地位,但她们仍是国家妇女运动的代表。她们真正进入到农村世界只能通过妇女主任,以及通过以某种方式与妇联有联系的其他妇女(如女劳模、农村技术人员)。妇联自身与农村妇女的距离以及妇联对这一距离的意识,使她们强调进一步发展由妇女主任提供的基地以及可以作为"骨干"的其他妇女的网络,以便在中国农村开展妇女运动。正是这些人具有潜力成为农村妇女中的有机知识分子(organic intellectuals),而不是由妇联的工作人员直接担任这一角色。

围绕劳动妇女和办公室工作人员在城市也存在类似情况,但文盲、丧失教育机会、根深蒂固的男性中心主义等问题却不那么严重。此外,城市妇女运动还会邂逅享有社会经济优势的妇女,这些妇女是国有和私营部门新精英阶层的成员。为了扩大对这些妇女的影响力,妇联正在吸纳有权势的妇女,后者拥有的资源和社会地位要比妇联的那些组织者更高(在某些情形下高得多)。

在这个方面,提高素质遭逢了行政级别问题,妇联的组织者反而处于劣势地位。这里的目标是将精英妇女及其资源、声望和权力吸收到有组织的妇女运动中来。通过这种机制得以展示素质,并能建构起支持妇女增强参与外部领域的网络和机制,其中包括妇女中较高的阶层。

乡村和城市的环境都提供了更多样化而且更为复杂的权力关系网,远不是这里能简要概述的。但中心点在于,改革开放时代的妇女运动越来越需要从内部处理这些差异。妇女因为其地位不同而加剧了分层,这不仅仅源自其父亲、丈夫或社区,而且更大的社会本身也出现了更深且公开化的分层。实际上,当代社会对素质的特殊要求与社会分层的强化直接相关。妇女运动对这个问题的反应是双面的。一方面一直在适应并将它内化,这从妇女运动乐意接受并促进竞争中可以看得出来,其中包括了由外部力量决定其条件的竞争,以及竞争的标准立足于市场,而且超出了妇女运动控制的范围。实际上,妇女运动将重点完全放在引导妇女在市场经济中获得成功,正是依赖这种适应和内化。

另一方面即便在明显促进竞争的过程中,一场对抗内部分化和分层的运动也在静悄悄地发生。妇女运动所组织的正式竞赛与社会上盛行的更为宽泛的竞争精神是明显吻合的,但更为克制。赢得奖项的那些人和被树立为模范的那些人因而被期望为这场运动作出贡献,并为处境最不利者提供帮助。原本可能没有很大社会压力团结起来的那些妇女(虽然这也通过其他渠道运作),也被吸引到旨在抵制分化的活动中来。通过释放市场力量的国家发展项目,假如以一种较少受制约的方式运作,那么福利的分配将会更加不均衡。更广泛拓展培训和市场参与的妇女运动项目,试图将更多妇女融入其中并从这种发展模式中受益。其困难在于试图通过采用本质上是制造不平等的机制（如市场和竞争）来抵消分化。

官方妇女运动持续且很公开地转向了市场。特别是在农村社区，市场为对抗男性中心主义某些根深蒂固的形式提供了筹码，也因为它允许妇女运动在主流社会中找到有利于自己的定位。它同样持续地利用其自身作为国家一部分的角色，为实现更具有包容性的社会目标而控制并缓和市场力量。妇女运动策略的这个维度表现得更为微妙，这主要是为了与现在遭到质疑的早先那种政治和动员策略保持一定距离。但是，这些举措背后的目的，正是为了妇女的利益而管理市场参与。如果不是为了这个目的，大可任由市场自由运作，也就无须妇女运动开展工作。

实际障碍和策略回应

通过考察"双学"之类手段的实际运用，有可能探究妇女运动策略执行的具体过程。在前面的章节中，我勾勒了所观察到的这些活动在槐里村是如何开展的。槐里村作为一个范例假如具有任何有效性的话，便是揭示了"双学"活动所偏好的多数活动在一个村庄里可能出现的情况。这个案例揭示了成功贯彻这个策略时存在的大量实际困难。

准确地确定每个特定社区中妇女的教育和技术需求，开展一个项目满足这些需求，并确保它适合当地经济的状况，这是一项艰巨的任务。正如槐里村的案例所揭示的，要确定一个有经济前景并且大量妇女可以同时参加的项目就更为困难。例如，提供本地的缝纫培训是可能的，但一个地区能容纳的定制女裁缝的数量则是有限的，尤其是当成衣变得越来越容易买得到并且买得起时。农村的其他许多经济门路也具有同样的局限性。为很多妇女可以种植的常见农作物如谷物、棉花和蔬菜等，提供技术建议也是可能的。槐里村和陵县的其他地方就这么做过。然而，槐里村的妇女似乎并不觉得这样的课程非常有价值，因为她们一辈子都在种植这些作物，生产率上的小幅增长并不能带来大量的额外收入。引入养鸡生产的培训至少在目标社区提供了更多希望，尽管额外的专门知识并未得到广泛传播，而且该项目完全取决于外界的兴趣和政府的支持。

即便可以通过"双学"协调委员会或其他官方渠道获取一些师资和资源，所有培训和经济发展都不得不在物力和人力资源捉襟见肘的情况下开展。尽管官方妇女运动开创性地提出了这一策略，但它只能提供微不足道的支持，尤其是从村庄或农户层面即微型发展的层面来审视。这就使乡村基层具有有效领导变得格外重要。不管是正规组织抑或非正规网络，组织建设对于扩展妇女运动实施这个"双学"活动或任何其他项目的能力都至关重要。

当前，官方妇女运动能够而且的确开创性地提出了策略，但除了在有限的一些地方，它缺乏有效执行这些策略的地方能力。加强妇女运动本身是必不可少的，这一直是它追求素质的一个突出方面。

通过妇女运动方面的快速回应，诸如"双学"这样的策略在实施中的特定问题已得到了解决。即便在本研究相对短暂的时间框里，已出现了发展方向上的转变，即从较早的庭院经济，转向"双学"最初阶段着重于扫盲和地方性微观策略，再到"双学"第二阶段强调更系统化的技术培训以及将妇女纳入更大规模地方发展的主流之中。

193

官方妇女运动在努力扩大网络并致力于将越来越多妇女纳入其轨道方面，一直具有灵活性和创新性。在农村创建妇女之家和"研究会"以及在不断变化的政治气候下调整其与妇女协会打交道的组织策略方面，都显示了这种灵活性和创新性。

妇女运动在进行这些调整时一直隐含地进行自我批评，并根据情况的变化作出动态调整。从某种程度上讲，如果有资源或可以创造资源的话，它的回应有可能使妇女运动在追求素质方面取得更大成功。从中国当代改革的情境下来审视，借助于国家与市场方法同改革政治议程的特殊混合，这些战略为提高妇女地位提供了切实可行的途径。在妇女具有资历和专业知识的地方，她们的资历和专业知识得到更公开的认可和支持，而在妇女受到更多制约的地方，则努力为妇女提供扫盲、教育和培训。尤其是在提供技术培训的地方，可以增加妇女的收入，并使妇女更多地控制她们自己及其家庭的经济福祉。妇女可以通过旧的结构和新的
194 网络聚集在一起，这有助于支持妇女更多走到家庭以外的领域。在妇女担当责任和领导职务的地方，她们可以被纳入妇女运动的范围之内，这样她们既可获取支持，也可给予支持。官方妇女运动的存在及其发挥的作用继续意味着，不仅处于优势地位的那些妇女可以从变革中受益，而且可以进一步更广泛地扩展这些福利，特别是惠及最贫穷的妇女。在努力实现所有这些目标以及其他许多目标时，这项工作还有助于构建一个可以在当前的社会环境下生存下来的妇女运动。

当前的环境对妇女运动来说谈不上有利。向市场转型伴随着从变革性的政治议程中撤退以及避开通过动员来促成变革。以前国家直接干预的那种方式已让位于国家较少进行直接干预，而更多地通过市场运作（Shue，1988）。对于一个与国家相连的官

方妇女运动,它所面临的选择或是保留一种较旧的现在更加官僚化而非变革性的运作方式,或是去适应新兴的市场力量。这两个发展方向都存在危险性。如果妇女运动仍依赖不再被社会认可的中央集权方法,它有可能变得与妇女的生活渐行渐远。不管是市场还是市场的主要支持者都没有明显支持妇女或妇女运动。从东欧的经历中可以看到,这个重要关头构成了巨大的困难,在这里,后社会主义伴随着对官方妇女运动的抗拒,因为官方妇女运动与以前国家体系的联系太过紧密,这导致妇女遭受了挫折(Funk & Mueller,1993;Scott,Kaplan & Keates,1997)。在东欧,这种情形因各种独立妇女运动的崛起已达成了平衡。在中国,独立的妇女活动业已存在,将来有可能会变得更具影响力,但到目前为止,她们很大程度上主要与官方妇女运动合作,或通过官方妇女运动开展工作,特别是在农村地区。

中国官方妇女运动已绘制了一条谨慎的道路,以避免国家和市场风险但又要利用两者。最为明显的是,它公开欢迎市场以及市场提供的机会,以打破农村社区根深蒂固的男性中心主义。妇女在以市场为导向的活动中取得的成功增加了收入,这有助于提高家庭和社区的收入及经济增长。妇女运动将此视为妇女社会与经济地位的提高,又避免了与男性中心主义结构的直接对抗,因为这增加了当地经济资源的规模,而不是试图重新分配资源。尽管存在性别化调用资源的亲属结构和社区机制(见 Judd,1994;1997),这一策略有效的程度取决于妇女控制她们自己劳动成果的能力,这个问题还没有得到直接解决。

通过支持妇联和协会网络,并通过各种试图巩固和支持妇女权利的法律机制,尤其是《中华人民共和国妇女权益保障法》(全国人民代表大会,1992),以及采取措施通过担任公职增加妇女参政,国家能够发挥作用,也确实在发挥作用。① 在这些年,山东省的重点放在经济发展上,也利用了国家在促进发展中的作用将妇女纳入这一进程的主流。

变革的潜力

不管主要是面向市场的,还是根植于国家的,抑或两者兼而有之,所有这些活动都是切实改善妇女生活的合理、适度的措施。② 项目似乎超越了眼前的目标,包含了增强组织能力和有潜力带来更深刻变化的网络建设,但就当前而言,它与当下的政治经济和社会文化环境紧密相连。在有关妇女解放和社会主义的现存政治传统中,其战略假设是,为立竿见影的实际目标而努力必然会引致变革性的社会变迁,如果没有这种变革,既定的社会秩序将无法适应那些目标。实际上,20世纪中叶中国革命进程似乎很容易证实这种观点,正如抗日战争和一些特定的有限变革(如土改),为社会主义转变打开了大门。

然而,旧秩序特别是旧秩序中资本主义的那些方面,或许比早先革命者所想象的更具有弹性和灵活性。其中一个结果是,温和的改革计划似乎缺乏变革性潜力。相反,它将人们的愿景和努力限定在现存情境之下,而不是去挑战其局限性。这对于妇女运

---

① 我的确试图扩展当前的研究去探究1992年《中华人民共和国妇女权益保障法》和1994年《山东省实施〈中华人民共和国妇女权益保障法〉办法》(山东,1994)的执行情况。我就这个主题与山东各级妇联有许多讨论,但实践证明此路不通。我也无法将这一套问题与我自己田野考察地的具体活动联系起来。在我做田野调查的地方,整个这一时期妇女工作的压倒性重点仍是经济,后来才与计划生育工作结合起来。

② 有关战略性性别利益与实际性别利益之间的一套略微不同但又相关的区分,参见Molyneux(1986)。

动来说是一个特殊问题，因为妇女解放的目标要求对实际存在的任何性别制度进行根本性的变革。

伴随近期目标与变革性愿景之间联系的弱化，即时实际的工作便失去了其许多战略意义。这类工作受到了妇女运动及其他运动中秉承变革性承诺的那些部门的广泛诟病。囿于盛行的自由主义语境（Wallerstein，1995；1999），在脱离具体情境时，可能更具有创造性潜力的即时工作反而成为局限，其风险是为了维持现状而一味灵活适应。

这些局限性在素质的领域特别严重。占主导地位的自由主义观点一直强调能力和业绩。这种方法意味着竞争性排名和精英主义（meritocracy），这也排除了被认为能力较差的那些人。自由主义的拥护者主张提升教育，以便增强不同程度的能力，因为自由主义偏好教育并将教育置于更直接促进平等的策略之上。现在普遍呼吁将提高教育水平作为解决社会问题的一个主要机制，其中包括解决性别不平等问题，这在妇女运动中已被批评的声音认为是有严重问题的（Mies，1986：20；Martin，1994）。

相反的立场是拒绝精英主义。它主张平等，主要是依据公民和政治权利来表述的。这是反对排斥的一股强大力量，主张国家权力体系向民众力量开放。在 20 世纪，通过谋求妇女解放和谋求社会主义的平等运动，中国妇女在政治上取得了迈向平等的重大历史性变革。中国妇女获得了正式的政治与法律平等，并通过持续的政治努力和经常性运动使正式平等成了现实。这项工作目前正在开展，特别是通过各种措施贯彻 1992 年通过的《中华人民共和国妇女权益保障法》，并为妇女更有效参政设立政治职位。

在实践中，实现平等超越了公民与政治权利通常所包含的内容。特别是当国家后撤的直接范围扩大，社区与市场的社会经济力量发挥作用时，平等变得更加复杂而微妙了。正如平等战略的一个当代拥护者承认的，能力的问题在工作场所和知识的世界依然会很重要（Wallerstein，1999：103）。工作场所和知识世界越来越多地创造知识和权力关系，同时也越来越受到拷问。无论在平等和包容性方面可能赢得怎样的政治保障，假如这些保障没有在政治领域之外扎根，没有在日常生活的关键性领域中扎根，那么，它们就有变得脆弱或空洞化的风险。在这些领域里，素质具有令人信服的一种价值。

平等所需的知识之形式是多层次且开放性的。扫盲、教育和培训方面的紧迫问题对于创造生计并为日常平等打下性别化的基础当然必不可少。特别是像中国这样脑力劳动和经济贡献受到高度重视的地方，在这些领域的劣势处境有可能导致严重丧失能力。中国妇女的这些历史性匮缺继续给妇女造成问题，本书描述的一些策略正是从基层回应了这个问题。各种形式更为集中的知识，如技术、政治和文化上的知识，都牵涉到不平等的生成，甚至在社会主义实验力图消除不平等经济基础的地方亦如此。①这是有待解决的一个棘手问题，但打破排斥或限制机会的社会性别化障碍必须成为任何解决方案的组织部分。正如把优先目标放在增强妇女运动上所证实的，如何影响性别关系变化的知识，*198* 对于追求平等的项目从本质上讲是必要的。这种知识仍处于创造过程之中，本书所描述的仅是其嬗变轨迹的一部分。

提高妇女素质的呼吁并不是引燃燎原大火的火星。燎原之火将需要有果断突破当下语境的一个愿景，而不是在其中小心翼

---

① 与东欧相关的对这个问题的理论讨论，见 Bahro（1978）。

翼地工作的一揽子项目。但对素质的追求可能会奠定基础。它使妇女能消除障碍,并使自己在知识领域处于更有利的地位。它对素质的概念展开争辩,允许谋求平等的运动重构其意义,并声称是我们自己赋予它的价值。

陵县"1994 年乡镇妇联岗位目标责任制评估标准"

1."双学双比"工作(35 分)

1.1 多种经营

创建一个生产食用菌的村中心(有 20 多户生产食用菌的村)得 10 分,在另一个村再建一个这样的加 5 分,扶持一个食用菌生产大户,其收入超过 1 万元人民币的,加 5 分。

创建一个抽花绣加工点(有 20 个刺绣工人)得 8 分,每增加 10 个工人加 1 分。

创建另一类型庭院生产的一个模范村,达到县级模范标准,并得到证书的得 10 分。

1.2 谷物与棉花生产

扶持女模范在谷物或者棉花产量或总产量上刷新纪录的得 3 分。有承担一项科研项目的妇女,加 3 分。

1.3 头衔的评估

使妇女获得政府认可的技术头衔得 0.5 分,增加一人加 0.5 分。

1.4 总结、表彰和规范化管理

总结"双学双比"活动,并受到表彰的得 5 分。

有规范化管理制度,保存了培训登记表、会议纪要、活动总结并保存了相关档案的,得 2 分。

2. 组织工作(15 分)

2.1 有一个完整的村级妇女组织(有妇女主任、妇女委员会、妇女主任有酬劳)得 5 分,缺乏这一点的每个村减 0.5 分。

2.2 有 80% 的妇女主任在市场生产中起带头作用,并拥有一个专门化的生产或商业项目,得 5 分,每降低 10% 减 1 分。

2.3 有 50% 的妇女主任同时兼任计生主任,得 5 分,每降10% 减 1 分,每增 10% 加 1 分。

2.4 每个乡镇妇联干部被评为模范党员或先进工作者的加3 分。

3. 维权工作(20 分)

3.1 每个案例在乡镇之内得到迅速处理,或者被转到了更高层,被报道并得到解决的得 2 分。

3.2 有 70% 的妇女主任进入了"两委",得 5 分,每降 10% 减1 分,每增 10% 加 1 分。

3.3 70% 的妇女主任的报酬达到党支部书记报酬 50% 的,加5 分,没有达到这个目标的没有分。

3.4 妇女在预备党员中占 20% 的加 3 分。

3.5 撰写报告明确关注妇女问题的得 2 分。

3.6 发展服务部门,并建立起一个年收入达到 1000 元的实体,得 5 分,假如它得到了县妇联的认可,加 15 分。

3.7 担任一个妇女的辩护者,或者帮助妇女解决了一宗经济纠纷,得 2 分。

4. 儿童和青年工作(11分)

4.1 按标准建立的每个幼儿园、学校、机构或家长学校(有组织、教室、老师、教材、制度和档案),得6分。

4.2 在家庭教育方面组织一次大规模活动(选择并推荐能教育儿童的好家长,举办家庭教育竞赛和家庭活动会议),得5分。

4.3 写了一篇有关家庭教育的有价值文章(以地区的采用为标准),得3分。

5. 家庭与文化发展

5.1 "五好家庭"活动评比表彰(以得到表彰为标准),得5分。

5.2 扶植一个得到县妇联表彰的"十星级"家庭,加5分。

5.3 组织一场集体婚礼或订婚活动,加5分。

5.4 举办一次家庭文化演出或一次家庭文化建设会议,加5分。

6. 其他工作 (14分)

6.1 组织"三八""六一"或其他节日庆祝活动,并及时向上级汇报的,每次1分。

6.2 及时提交年度和半年度报告,统计报告及相关材料的,得5分。漏一次减1分,自发提供典型案例材料的,加2分。

6.3 举办一次培训班(有50以上参与者,并有县妇联工作人员的出席为准),得3分。

6.4 省、地区来访,或者县里进行了现场检查的,分别加10分、8分或6分。

6.5 扶植一个全国性的、省级和地区级的模范,分别加15、10或5分。

6.6 所写的关于妇女或妇女工作的新闻报道被全国、省、地区或者县新闻单位采用的,分别加 10、6、4 或 2 分。

6.7 按时参加县妇联会议的,得 5 分,每漏一次会议减 1 分。

6.8 参加县妇联活动,按出席记录得分。

参考文献

Abu-Lughod, Lila. 1991. "Writing Against Culture." In Richard G. Fox, ed., *Recapturing Anthropology*: *Working in the Present*, pp. 137 - 62. Santa Fe, N. M.: School of American Research Press.

Bahro, Rudolf. 1978. *The Alternative in Eastern Europe*. London: New Left Books.

白丽君(1991),《研讨马克思主义妇女观在中国的实践与发展》,《妇女工作》第 11 期,第 24 — 25 页。

包心鉴(1995),《当代发展理论新走向与我国社会文明新发展》,《文史哲》第 4 期,第 3 — 11 页。

Barthes, Roland. 1973. *Mythologies*. London: Paladin.

Bonnin, Michel, and Yves Chevrier. 1991. "The Intellectual and the State: Social Dynamics of Intellectual Autonomy During the Post-Mao Era." *China Quarterly* 127: 569 - 93.

Bourque, Susan C. , and Kay B. Warren. 1987. "Technology, Gender, and Development." *Daedalus* 116 (4): 173 - 97.

Burns, John P. 1987a. "China's Nomenklatura System." *Problems of Communism* 36 (5): 36 - 51.

Burns, John P. 1987b. "Civil Service Reform in Contemporary China." *Australian Journal of Chinese Affairs* 18: 47 - 83.

Burns, John P. 1989. "Chinese Civil Service Reform: The 13th Party Congress Proposals." *China Quarterly* 120: 739 - 70.

中央人民政府委员会(1975),《中华人民共和国婚姻法》(1950 年 5 月 1 日),北京:外国语出版社。

Chan, Cecilia. 1994. "Defending Women's Rights in the Socialist Republic of China: Services of the Guangzhou Women's Federation." *Social Development Issues* 16 (1): 98 - 106.

Chen, C. C., K. C. Yu, and J. B. Miner. 1997. "Motivation to Marriage: A Study of Women in Chinese State-owned Enterprises." *Journal of Applied Behavioural Science* 33 (2): 160–73.

Compton, Boyd. 1966 [1952]. *Mao's China: Party Reform Documents, 1942–44*. Seattle: University of Washington Press.

Croll, Elisabeth. 1978. *Feminism and Socialism in China*. London: Routledge and Kegan Paul.

Croll, Elisabeth. 1981. *The Politics of Marriage in Contemporary China*. Cambridge: Cambridge University Press.

Croll, Elisabeth. 1983. *Chinese Women Since Mao*. London: Zed Books.

Croll, Elisabeth. 1994. *From Heaven to Earth: Images and Experiences of Development in China*. London: Routledge.

Davin, Delia. 1976. *Woman-Work: Women and the Party in Revolutionary China*. Oxford: Clarendon Press.

Davin, Delia. 1998. "Gender and Migration in China." in Flemming Christiansen and Zhang Junzuo, eds., *Village Inc.: Chinese Rural Society in the 1990s*, pp. 230–40. Richmond, Surrey: Curzon.

德州地区妇女联合会(1989),《德州地区妇联 1988 年工作总结和 1989 年工作要点》,德州:德州地区妇联。

Diamond, Norma. 1975. "Collectivization, Kinship, and the Status of Women in Rural China." In Rayna R. Reiter, ed., *Toward an Anthropology of Women*, pp. 372–95. New York: Monthly Review Press.

Erlmann, Veit. 1992. "'The Past Is Far and the Future Is Far': Power and Performance among Zulu Migrant Workers." *American Ethnologist* 19 (4): 688–709.

Fan Ying. 1998. "The Transfer of Western Management to China." *Management Learning* 29 (2): 201–21.

Fox-Genovese, Elizabeth, and Eugene D. Genovese. 1983. "The Ideological Bases of Domestic Economy." In Elizabeth Fox-Genovese and Eugene D. Genovese, eds., *Fruits of Merchant Capital*, pp. 299–336. New York: Oxford University Press.

Funk, Nanette, and Magda Mueller, eds. 1993. *Gender Politics and Post-Communism: Reflections from Eastern Europe and the Former Soviet Union*. New York: Routledge.

206

Gates，Hill. 1996. *China's Motor：A Thousand Years of Petty Capitalism*. Ithaca，N. Y. ：Cornell University Press.

Gilmartin，Christina，Gail Hershatter，Lisa Rofel，and Tyrene White，eds. 1994. *Engendering China：Women，Culture and the State*. Cambridge，Mass. ：Harvard University Press.

韩宝珍(1995)，《农村妇女发展与科技培训》，李秋芳等主编：《'95 第四次世界妇女大会中国农村妇女发展论坛论文集》，第 51—55 页，北京：中华全国妇女联合会城乡工作部。

何宇鹏(1995)，《农村妇女进步与经济发展》，李秋芳等主编：《'95 第四次世界妇女大会中国农村妇女发展论坛论文集》，第 51—55 页，北京：中华全国妇女联合会城乡工作部。

Honig，Emily，and Gail Hershatter. 1988. *Personal Voices：Chinese Women in the 1980s*. Stanford，Calif. ：Stanford University Press.

Howell，Jude. 1994. "Striking a New Balance：New Social Organisations in Post-Mao China. " *Capital and Class* 54：89‐111.

黄启璪(1992)，《"双学双比"加快农村妇女自强自立的步伐》，《妇女组织与活动》第 2 期，第 28 页。

黄启璪(1993)，《全国妇女团结起来，为建设有中国特色的社会主义努力奋斗》(在中国妇女第七次全国代表大会上的报告，1993 年 9 月 1 日)《妇女组织与活动》第 5 期，第 15—19 页。

Jacka，Tamara. 1997. *Women's Work in Rural China：Change and Continuity in an Era of Reform*. Cambridge：Cambridge University Press.

Jenner，Richard A. ，Len Hebert，Allen Appell，and Jane Baack. 1998. "Using Quality Management for Cultural Transformation in Chinese State Enterprises：A Case Study. " *Journal of Quality Management* 3 (2)：193‐211.

江泽民(1989)，《在庆祝中华人民共和国成立四十周年大会上江泽民同志的讲话》，《光明日报》9 月 30 日。

Johnson，Kay Ann. 1983. *Women，the Family and Peasant Revolution in China*. Chicago：University of Chicago Press.

Judd，Ellen R. 1994. *Gender and Power in Rural North China*. Stanford，Calif. ：Stanford University Press.

Judd，Ellen R. 1995. "Feminism From Afar *or* To China and Home Again. " In S. Cole and L. Phillips，eds. ，*Ethnographic Feminism(s)：*

Essays in Anthropology，pp. 37 - 51. Ottawa：Carleton University Press.

Judd，Ellen R. 1997. "Gender and Capital Accumulation in Chinese Village Enterprises." In T. Brook and H. V. Luong，eds.，*Culture and Economy：The Shaping of Capitalism in Eastern Asia*，pp. 207 - 34. Ann Arbor：University of Michigan Press.

Judd，Ellen R. 1998. "Reconsidering China's Marriage Law Campaign：Toward a De-orientalised Feminist Perspective." *Asian Journal of Women's Studies* 4（2）：8 - 26.

Judd，Ellen R. ed. 1999. "Rural Women in Reform China." *Chinese Sociology and Anthropology* 31（2）.

Korabik，Karen. 1993. "Women Managers in the People's Republic of China：Changing Roles in Changing Times." *Applied Psychology* 42（4）：353 - 63.

李小江(1989)，《怎样看当前妇女问题和妇女研究》，《妇女组织与活动》第 1 期,第5—9 页。

梁旭光编 (1989)，《妇女成才论》,济南:山东人民出版社。

陵县妇联(1990),《1990 年工作意见》,陵县:陵县妇联。

陵县妇联(1994),《围绕发展目标,做好结合文章,不断开创妇女工作的新局面》(1994 年 7 月 26 日),陵县:陵县妇联。

陵县妇联(日期不详［1995］),《健全组织活力,为农村两个文明的建设做贡献》,陵县:陵县妇联。

刘佩英和黄建松(1995),《陵县实施绿色越冬种植,广大妇女植棉热情再度高涨》,《妇女工作》第 7 期,第 23—24 页。

刘少奇(1980)［1939］,《如何做一个优秀的共产主义者》,《党建三论》,北京:外国语出版社。

Mann，Susan. 1997. *Precious Records：Women in China's Long Eighteenth Century*. Stanford，Calif.：Stanford University Press.

毛泽东(1977),《关于哲学的五篇》,北京:外国语出版社。

Martin，Emily. 1994. *Flexible Bodies：The Role of Immunity in American Culture from the Days of Polio to the Age of AIDS*. Boston：Beacon.

孟宪范(1993),《农村劳动力转移中的中国农村妇女》,《妇女组织与活动》第 5 期,第 52—59 页。

孟宪范(1995),《"男工女耕"与中国女性的发展》,《妇女研究》第 4 期,第 48—51 页。

208

Mies, Maria. 1986. *Patriarchy and Accumulation on a World Scale in the International Division of Labour*. London: Zed Books.

Mingat, Alain. 1998. "The Strategy Used by High-Performing Asian Economies in Education: Some Lessons for Developing Countries." *World Development* 26 (4): 695 - 715.

Molyneux, Maxine. 1986. "Mobilization Without Emancipation?: Women's Interests, State, and Revolution." In R. Fagan, C. D. Deere, and J. L. Coraggio, eds., *Transition and Development: Problems of Third World Socialism*, pp. 280 - 302. New York: Monthly Review Press.

Munro, Donald T. 1977. *The Concept of Man in Contemporary China*. Ann Arbor: University of Michigan Press.

Ng, Rita Mei Ching. 1998. "Culture as a Factor in Management: The Case of the People's Republic of China." *International Journal of Management* 15 (1): 86 - 93.

Parish, William L., Xiaoye Zhe, and Fang Li. 1995. "Nonfarm Work and Marketization of the Chinese Countryside." *China Quarterly* 143: 697 - 730.

Pei Xiaolin. 1998. "Rural Industry-Institutional Aspects of China's Economic Transformation." In Flemming Christiansen and Zhang Junzuo, eds., *Village Inc: Chinese Rural Society in the 1990s*, pp. 83 - 102. Richmond, Surrey: Curzon.

Porter, Marilyn, and Ellen Judd, eds. 2000. *Feminists Doing Development: A Practical Critique*. London: Zed Books.

国务院(1995),《中国妇女发展纲要(1995—2000 年)》,北京。

"Quarterly Chronicle and Documentation (July-September 1994)." 1994. *China Quarterly* 140: 1219 - 45.

"Quarterly Report and Documentation (April-June 1995)." 1995. *China Quarterly* 143: 923 - 58.

Rai, Shirin M., and Zhang Junzuo. 1994. "Competing and Learning: Women and the State in Contemporary Rural Mainland China." *Issues and Studies* 30(3): 51 - 66.

209 《人民日报》(社论)(1990),《中共中央发出通知加强改善党对工青妇工作领导,要充分发挥这些群众组织的桥梁纽带作用》,《人民日报》2 月 1 日。

Rofel, Lisa. 1999. *Other Modernities: Gendered Yearnings in China After Socialism*. Berkeley: University of California Press.

Scott，Joan W. ，Cora Kaplan，and Debra Keates，eds. 1997. *Transitions*，*Environments*，*Transitions*：*Feminisms in International Politics*. New York：Routledge.

中华人民共和国(1994)，《中华人民共和国执行〈提高妇女地位内罗毕前瞻性战略〉国家报告》(第二份)，北京。

山东省妇联(1989)，《用科学技术武装农村妇女在振兴山东中发挥生力军作用》，济南：山东省妇联。

山东省妇联(1993)，《围绕全局战略积极探索实践，努力实现两大竞赛活动新飞跃》，《妇女工作》第 12 期，第 7—11 和 15 页。

山东省妇联宣传部(1989)，《我省开展"双学双比"竞赛活动情况综述》，《妇女工作》第 12 期，第 12—14 页。

山东省妇联(1994)，《山东省实施〈中华人民共和国妇女权益保障法〉办法》，济南：山东省妇女联合会。

中华人民共和国国务院(1998)，《社会团体登记管理条例》，《中华人民共和国国务院公报》第 27 期，第 1028—1035 页。

Shue，Vivienne. 1988. *The Reach of the State*：*Sketches of the Chinese Body Politic*. Stanford，Calif. ：Stanford University Press.

Smil，Vaclav. 1995. "Who Will Feed China?" *China Quarterly* 143：801 - 13.

Stacey，Judith. 1983. *Patriarchy and Socialist Revolution in China*. Berkeley：University of California Press.

Stalin，Joseph. 1947 ［1939］. "Report on the Work of the Central Committee to the Eighteenth Congress of the C. P. S. U. （B. ）." In *Problems of Leninism*，pp. 596 - 642. Moscow：Foreign Languages Publishing House.

"Statistical Communique of the State Statistical Bureau of the People's Republic of China on 1993 National Economic and Social Development，28 February 1994. " 1994. British Broadcasting Corporation，*Summary of World Broadcasts*：*Weekly Economic Report*. FEW/0326WS 1/1.

Taussig，Michael. 1992. *The Nervous System*. New York：Routledge.

Walker，Kathy LeMons. 1993. "Economic Growth，Peasant Marginalization，and the Sexual Division of Labor in Early Twentieth Century China：Women's Work in Nantong County. " *Modern China* 19(3)：345 - 65.

Wallerstein，Immanuel. 1988. "The Bourgeois(ie) as Concept and Reality. " *New Left Review* 167：91 - 106.

Wallerstein，Immanuel. 1995. *After Liberalism*. New York：New Press.

Wallerstein，Immanuel. 1999. *The End of the World as We Know It*：*Social Science for the Twentieth-first Century*. Minneapolis：University of Minnesota Press.

210　Wolf，Margery. 1985. *Revolution Postponed*：*Women in Contemporary China*. Stanford，Calif.：Stanford University Press.

Wolf，Margery. 1992. *A Thrice Told Tale*：*Feminism，Postmodernisation and Ethnographic Responsibility*. Stanford，Calif.：Stanford University Press.

吴爱英(1991)，《不断提高"双学双比"竞赛活动水平，认真总结经验，强化配套措施》，《妇女工作》第 5 期，第 6—15 页。

晓闻(1995)，《适应市场经济深化"双学双比"活动——全国农村妇女"双学双比"活动研讨会论点概述》，《妇女研究论丛》第 1 期，第 36—38 页。

杨桂荣(1992)，《新形势下基层妇联面临问题种种》，《妇女工作》第 5 期，第 16—17 页。

杨衍银(1991)，《双学双比齐动员、发展农业做贡献》，《妇女工作》第 3 期，第 6—10 页。

杨玉娥(1988)，《商品经济的发展强化了妇女的主体意识》，《妇女工作》第 10 期，第 5—6 页。

Yao Zhongda. 1984. "Development of Productive Forces Promotes the Advancement of Adult Education in China." *Convergence* 17（3）：11-15.

叶琳(1989)，《全国妇联国务院八部委等十二单位协调会决定开展全国农村妇女"双学双比"竞赛》，《妇女组织与活动》第 2 期，第 13 页。

赵玉兰(1994a)，《积极投身改革，努力参与发展，全省妇女团结起来为实现山东社会主义现代化建设的宏伟目标建功立业》，《妇女工作》第 4 期，第 8—15 页。

赵玉兰(1994b)，《在全国优秀女农民企业家命名表彰大会上的讲话》，《妇女工作》第 7 期，第 4—8 页。

赵玉兰(1994c)，《在全国"双学双比""巾帼建功"竞赛活动研讨会上的讲话》，《妇女工作》第 10 期，第 4—9 页。

全国人民代表大会(1992)，《中华人民共和国妇女权益保障法》(1992 年 4 月 3 日)，北京。

中共中央(1989)，《中共中央关于加强和改善党对工会、共青团、妇联工作领导的通知》(1989 年 12 月 21 日),《人民日报》1990 年 2 月 1 日。

中华人民共和国国务院(1989),《社会团体登记管理条例》,《人民日报》11
　　月 9 日。

索引

（索引中的页码为本书页边码）

在该索引中，一个数字后面的"f"表示下一页中有一个单独的参考文献，"ff"表示下面的两页中有单独的参考文献。两页或更多页上的连续讨论则用一个页码范围如"57—59"页来表示。

"海外中国研究丛书"书目

36. 汉代农业：早期中国农业经济的形成　[美]许倬云 著　程农 张鸣 译　邓正来 校
37. 转变的中国：历史变迁与欧洲经验的局限　[美]王国斌 著　李伯重 连玲玲 译
38. 欧洲中国古典文学研究名家十年文选　乐黛云 陈珏 龚刚 编选
39. 中国农民经济：河北和山东的农民发展，1890—1949　[美]马若孟 著　史建云 译
40. 汉哲学思维的文化探源　[美]郝大维 安乐哲 著　施忠连 译
41. 近代中国之种族观念　[英]冯客 著　杨立华 译
42. 血路：革命中国中的沈定一(玄庐)传奇　[美]萧邦奇 著　周武彪 译
43. 历史三调：作为事件、经历和神话的义和团　[美]柯文 著　杜继东 译
44. 斯文：唐宋思想的转型　[美]包弼德 著　刘宁 译
45. 宋代江南经济史研究　[日]斯波义信 著　方健 何忠礼 译
46. 一个中国村庄：山东台头　杨懋春 著　张雄 沈炜 秦美珠 译
47. 现实主义的限制：革命时代的中国小说　[美]安敏成 著　姜涛 译
48. 上海罢工：中国工人政治研究　[美]裴宜理 著　刘平 译
49. 中国转向内在：两宋之际的文化转向　[美]刘子健 著　赵冬梅 译
50. 孔子：即凡而圣　[美]赫伯特·芬格莱特 著　彭国翔 张华 译
51. 18世纪中国的官僚制度与荒政　[法]魏丕信 著　徐建青 译
52. 他山的石头记：宇文所安自选集　[美]宇文所安 著　田晓菲 编译
53. 危险的愉悦：20世纪上海的娼妓问题与现代性　[美]贺萧 著　韩敏中 盛宁 译
54. 中国食物　[美]尤金·N.安德森 著　马孆 刘东 译　刘东 审校
55. 大分流：欧洲、中国及现代世界经济的发展　[美]彭慕兰 著　史建云 译
56. 古代中国的思想世界　[美]本杰明·史华兹 著　程钢 译　刘东 校
57. 内闱：宋代的婚姻和妇女生活　[美]伊沛霞 著　胡志宏 译
58. 中国北方村落的社会性别与权力　[加]朱爱岚 著　胡玉坤 译
59. 先贤的民主：杜威、孔子与中国民主之希望　[美]郝大维 安乐哲 著　何刚强 译
60. 向往心灵转化的庄子：内篇分析　[美]爱莲心 著　周炽成 译
61. 中国人的幸福观　[德]鲍吾刚 著　严蓓雯 韩雪临 吴德祖 译
62. 闺塾师：明末清初江南的才女文化　[美]高彦颐 著　李志生 译
63. 缀珍录：十八世纪及其前后的中国妇女　[美]曼素恩 著　定宜庄 颜宜葳 译
64. 革命与历史：中国马克思主义历史学的起源，1919—1937　[美]德里克 著　翁贺凯 译
65. 竞争的话语：明清小说中的正统性、本真性及所生成之意义　[美]艾梅兰 著　罗琳 译
66. 中国妇女与农村发展：云南禄村六十年的变迁　[加]宝森 著　胡玉坤 译
67. 中国近代思维的挫折　[日]岛田虔次 著　甘万萍 译
68. 中国的亚洲内陆边疆　[美]拉铁摩尔 著　唐晓峰 译
69. 为权力祈祷：佛教与晚明中国士绅社会的形成　[加]卜正民 著　张华 译
70. 天潢贵胄：宋代宗室史　[美]贾志扬 著　赵冬梅 译
71. 儒家之道：中国哲学之探讨　[美]倪德卫 著　[美]万白安 编　周炽成 译
72. 都市里的农家女：性别、流动与社会变迁　[澳]杰华 著　吴小英 译
73. 另类的现代性：改革开放时代中国性别化的渴望　[美]罗丽莎 著　黄新 译
74. 近代中国的知识分子与文明　[日]佐藤慎一 著　刘岳兵 译
75. 繁盛之阴：中国医学史中的性(960—1665)　[美]费侠莉 著　甄橙 主译　吴朝霞 主校
76. 中国大众宗教　[美]韦思谛 编　陈仲丹 译
77. 中国诗画语言研究　[法]程抱一 著　涂卫群 译
78. 中国的思维世界　[日]沟口雄三 小岛毅 著　孙歌 等译